现代高校图书馆管理与创新途径研究

安玉洁　闫雨薇 ◎ 主编

中国原子能出版社
China Atomic Energy Press

图书在版编目(CIP)数据

现代高校图书馆管理与创新途径研究 / 安玉洁, 闫雨薇主编. -- 北京 : 中国原子能出版社, 2022.5（2023.4重印）
ISBN 978-7-5221-1941-0

Ⅰ. ①现… Ⅱ. ①安… ②闫… Ⅲ. ①院校图书馆－图书馆管理－研究 Ⅳ. ①G258.6

中国版本图书馆CIP数据核字(2022)第069574号

现代高校图书馆管理与创新途径研究

出　　版　中国原子能出版社（北京市海淀区阜成路43号 100048）
责任编辑　蒋焱兰（E-mail：419148731@qq.com）
特约编辑　李　宏　刘兵权
责任校对　冯莲凤
责任印制　赵　明
印　　刷　河北文盛印刷有限公司
经　　销　全国新华书店
开　　本　787mm × 1092mm　1/16
印　　张　13.75
字　　数　220千字
版　　次　2022年5月第1版　　2023年4月第2次印刷
书　　号　ISBN 978-7-5221-1941-0
定　　价　58.00元

出版社网址：http://www.aep.com.cn　E-mail：atomep123@126.com
发行电话：010-68452845

前　言

/ PREFACE /

高校图书馆是高等学校教育的重要组成部分，是培养国家人才的根据地，是学生开启知识财富的钥匙。高校图书馆阅读推广是全民阅读推广的重要组成部分，高校图书馆开展阅读推广活动，不仅可以充分发挥图书馆育德、育才的作用，还可以培养读者的信息素养，充分获取利用图书馆文献信息资源。

高校图书馆是知识的汇集地，担负着配合教学的重要职能，其管理水平的提升将为高校的教学和科研提供了可靠的保障，同时，它又是社会信息服务与信息传播机构，满足着读者日益增长的信息知识需求。随着社会的发展和科技文化的进步，人们对图书馆的管理与服务要求也提出了新的挑战。传统单一、粗放管理的模式已难以适应读者的需求，提高服务水平和质量，打造一支强有力的图书馆管理队伍，刻不容缓。人们对信息的需求量越来越大，获取知识的渴望不断增强，面对新的机遇和挑战，高校图书馆要从基础做起，树立“以人为本、读者第一”的人性化服务思想，创立“以读者为中心”的服务理念，加强文献信息资源建设和现代化建设，为读者营建出一个优美、安静、整洁的学习环境。充分发挥图书馆的信息资源优势和服务优势，体现图书馆的服务职能，全方位、多角度、多层次地为读者服务。

随着时代的发展，科学技术的进步，网络、数字技术的快速发展，信息源呈现出多元化、网络化、数字化，急剧地改变着人们获取信息的习惯和生活方式，从亚马逊的纸质图书销量比电子书销量低、到美国第二大连锁书店倒闭等种种现象，我们已经能够清晰地感觉到数字化时代的来临。图书馆被边缘化的境地不容回避。所以，图书馆转型和超越已迫在眉睫。大量电子书的产生与畅销使得图书馆在资源建设策略上不得不进行转型和超越，作为图书馆馆藏资源的一个重要方面，图书馆也不可避免地受到挑战和迎来机遇。图书馆无论是内容还是载体形式都得到空前的发展，种类也迅速增多，电子图书馆资源也将对建设策略规划、管理与利用等各方面提出新的要求。毋庸置疑，地方高校图书馆管理与服务也面临着前所未有的机遇与挑战。

尤其是在信息服务方面，技术的发展使得信息的数量呈爆炸式增长，信息的传播和更新速度也越来越快，计算机、手机等设备的普及，也使得人们更习惯于利用它们来获取信息，这就对传统的印刷文献和图书馆带来了极大的冲击。发展到今天，图书馆已处于大数据环境之中，这也要求图书馆实现转型。特别是对于高校图书馆来说，其还承担着教学、科研等重要的职能，需要为用户提供学科服务。因此，高校图书馆更需要积极适应大数据环境，通过现代设备和技术的应用，实现信息服务的转型。

在这种情况下，高校图书馆必须积极改革和探索，自觉坚持管理创新，及时更新管理技术和服务技能，以跟上时代的步伐。本书就高校图书馆在发展过程中出现的种种问题进行研究和分析，以期对高校图书馆的发展起到积极推动作用。

目　录

/ CONTENTS /

第一章　高校图书馆管理创新概述

第一节　高校图书馆管理及管理现状

一、高校图书馆管理概念

高校图书馆作为图书馆的一个分化，在阐述高校图书馆管理的概念之前，首先让我们了解什么是图书馆管理，那什么是图书馆管理呢？长时间以来，国内许多学者都给图书馆管理下了定义，作了说明，下面我们列举一些有代表性的定义。①

黄宗忠认为，图书馆管理是根据图书馆满足社会读者需求的目的，通过决策、计划、组织、指挥、协调与控制等行动，最合理地分配与使用图书馆系统的人力、物力、财力等资源，使之发挥最大的效益，提高图书馆的效率，以达到图书馆预期的目标，完成图书馆任务的动态过程。

鲍林涛主编的《图书馆管理学》指出，图书馆科学管理就是通过计划组织、指挥、协调和控制等行动，按照图书馆事业和图书馆工作的发展规律，最合理地使用图书馆人力、财力、物质资源，使之发挥最大的作用，以达到图书馆预期的目标，完成图书馆任务的动态过程。

潘寅生主编的《图书馆管理工作》指出，图书馆管理是遵循图书馆工作的客观规律，通过计划、组织、协调、指挥等手段，合理配置和使用图书馆资源，以达到预期目标，满足读者知识信息需求的一种活动。

郭星寿认为，所谓图书馆管理，就是遵循图书馆工作的规律，依据管理工作的内容与程序，在图书馆系统最优化的条件下，充分利用其资源，以有效地实现其社会职能的一系列有组织的活动。

---

①代宏．现代图书馆与数字资源利用[M]．哈尔滨：黑龙江科学技术出版社，2015.

于鸣销认为，应用现代科学的理论与方法，遵照图书馆工作和图书馆事业的固有规律，合理地组织和最大限度地发挥图书馆的人力、物力、财力等各种资源的作用，以便达到预定的目标的决策过程。这就是图书馆的科学管理。

通过上述专家对图书馆管理的定义，应该说虽然表述不同，但是没有实质性的差别。他们都是通过图书馆工作的规律，图书馆的资源（人力资源、财力资源、信息资源）以及工作目标等要素来定义图书馆管理，都承认图书馆管理是一种活动或者过程。高校图书馆由于其性质、任务、服务对象不同而形成图书馆一个非常重要的类型。那么综合以上的定义我们可以这样定义高校图书馆管理：通过计划、组织、领导和控制等方法，优化配置图书馆系统的各种资源（人力资源、财力资源、信息资源），以期完成图书馆为全校教学和科学研究工作服务，并且使服务的提供者——馆员亦获得一种高度的士气和成就感的活动。

图书馆是人类社会所独有的一种社会现象，它是人类社会发展到一定阶段的文明产物，它随着文献的出现而产生，又随着社会文化教育、科学技术的发展而不断变革和发展。在图书馆形成和演变过程中，图书馆也经历了由简单到复杂、由低级到高级、由传统管理到现代管理的过程。在社会、科学技术日益进步的推动下，图书馆的规模、层次、内容和形式逐渐复杂化，图书馆管理方法也逐渐完善，管理水平也日趋提高。

图书馆管理是指应用现代管理科学的原理和方法，合理组织图书馆活动，有效地利用图书馆人力资源和物质资源，发挥其最佳效率，达到其预定目标的过程。图书馆管理的目的是合理地配置和充分利用图书馆的资源，更好地履行图书馆的职能。

二、图书馆管理思想的演变

（一）国外图书馆的产生和管理思想的演变

1.国外图书馆的产生

文字的产生和文献的出现，是人类社会进入文明阶段的重要标志。当人类意识到需要将经验和知识用文字记录下来以供利用时，最古老的文献便产生了。当人们认识到需要对已产生的文献进行连续不断地收集,并将收集到的有一定数量的文献有序地存放在一起以便长久保存和利用时,最早的图书馆便诞生了。考古发现,约公元前3000年在两河流域的古巴比伦王朝的一座废墟寺庙附近,就有大批泥板文献被集中在一起,成为已知最早的图书馆。公元前7世纪亚述巴尼拔国王在尼尼微建立了藏有大约2.5万块泥板文献的皇宫图书馆。古埃及最迟在古王国时期(约公元前28世纪—公元前23世纪)就有了王室图书馆和寺院图书馆。古代希腊、罗马时期也都有为奴隶主阶级及其贵族知识分子保存资料的图书馆。特别值得一提的是在希腊化时代(公元前4世纪—公元前1世纪)托勒密王朝曾建立了规模宏大的亚历山大图书馆。世界进入中世纪以后,拜占庭帝国皇家图书馆曾一度繁荣。到了公元8世纪,随着中国造纸术的传入,阿拉伯文化进入繁荣昌盛时期,那里的图书馆分布广泛,仅巴格达城就有30多所。而在欧洲,公元476年罗马帝国灭亡之后,教会的神权统治,严酷的封建等级制度,使学术思想窒息,文化萎缩,近千年间图书馆处于衰落状态。

西方近代图书馆起源于文艺复兴和宗教改革运动时期。欧洲进入资本主义社会后,大机器生产需要有文化的工人,教育开始普及到平民,文献生产能力大大提高,从而促使一些全国性的图书馆开始向社会开放。19世纪初,在资本主义社会兴起的公共图书馆得到了确立和发展,它具有向所有居民免费开放,经费来源于各级行政机构的税收,设立和管理具有法律保证等特征。公共图书馆的普及,是近代图书馆事业的突出成就。与此同时,近代大学图书馆、专业图书馆等也有了长足的发展。

19世纪70年代以后,美国图书馆事业开始进入世界先进的行列。欧洲,特别是英国、法国、瑞士、德国和俄国等国的图书馆事业也取得了显著的进步。

图书馆界在国际上的活动越来越活跃,国际文献联合会、国际图书馆协会和机构联合会都相继成立。第二次世界大战后,在世界政治、经济和技术力量的推动下,出版物数量激增,促使图书馆之间加强采购工作的分工协作和实行图书馆的图书贮存制度;日益增长的读者需求,使图书馆推广了馆际互借、参考咨询工作和开架制度;缩微复制技术、复印技术、声像技术以及计算机技术等在工作中的应用与普及,促使图书馆事业发生巨大变化。各国政府为了有效地推动图书馆事业的建设,充分发挥图书馆的社会功能、纷纷采取措施,修订图书馆法,推行文献工作标准化,加强图书馆员的培训和教育,扩大图书馆资源共享的范围。

现代图书馆是信息时代的产物,它已由单纯的收集整理文献和利用文献的相对比较封闭的系统,发展到以传递文献信息为主的、全面开放的信息系统。计算机技术、高密度存储技术和数据通信技术在图书馆工作中的广泛应用以及这三者的相互结合,正有力地改变着图书馆工作的面貌,甚至在影响着它的历史进程。

2. 国外图书馆管理思想的演变

(1)古代至中世纪图书馆的管理思想

古代图书馆始于有史料、有文献的奴隶社会,建立和发展于封建社会。古代图书馆以收集和保存图书为目的,图书馆学的知识都是在文献整理,尤其是在文献编目的基础上首先积累起来的。古代图书馆的管理者大多具有渊博的知识,重视对文献的收集和整理,也积累了一定的保管文献的方法,在图书分类、编目等方面取得了很高的成就,为后世图书馆的发展打下了基础。古巴比伦王国的寺庙废墟附近所收藏的大批泥板文献是按主题排列的,亚述巴尼拔皇宫图书馆的泥板文献上也刻有主题的标记,其目录被刻在收藏室的门旁和墙壁上。这可视为是在一种明确思想指导下的文献编目的起源。公元前3世纪,亚历山大图书馆第三任馆长卡利马科斯编成了该馆的名为《皮纳克斯》(又名《各科著名学者及其著作目录》)的解题目录,这说明当时已形成了比较完整的著录方法。

中世纪前期,图书馆学思想大多带有宗教色彩。中世纪后期,出现了一批私人藏书家撰写的著作。英国著名藏书家伯里的《爱书》1473年出版,作者企图扭转当时僧院学术衰退的局面,从多方面提出建设图书馆的建议,15世纪意大利藏书家费德里戈对图书馆馆长应具备的各方面素质也发表了精辟的意见。

(2)近代图书馆的管理思想

近代图书馆是指17世纪后期至第二次世界大战结束这一时期的图书馆,是第二代图书馆。近代图书馆的主要特点是对公众开放、重视读者服务工作、建立了相应的管理制度与管理方式、从封闭转向开放式管理、馆际间的联系与合作也大大加强。管理职业化和管理工作制度化是近代图书馆的主要特征。

西方历史从中世纪进入近代之际,图书馆学的理论与方法结束了零星的不系统的状况,进而为近代图书馆学的产生奠定了基础,这是西方图书馆学孕育时期重要阶段,著名的代表人物有法国的诺德、英国的杜里和德国的莱布尼茨等人。曾任英国皇家图书馆馆长的杜里,1650年撰著的《新式图书馆的管理者》一书,揭示了图书馆在读者与藏书之间所起的“中间人”的作用。

16世纪—19世纪末欧美杰出的图书馆管理者的经验与思想是现代图书馆管理学的基础。法国图书馆学家G.诺德于1627年撰写的《关于图书馆建设的意见》一书,被誉为第一部具有理论意义的图书馆学著作,他的图书馆学思想的核心是图书馆不应该专为特权阶级服务,必须向一切研究人员开放。英国皇家图书馆馆长J.杜里、德国的G.W.莱布尼茨等对图书馆管理问题都有所论述。1821年德国人F.A.艾伯特第一次提出“图书馆管理学”一词,他还撰有《论公共图书馆》和《图书馆员的修养》,主张图书馆要进行管理,图书馆的分类编目工作必须符合科学性,同时强调图书馆员必须接受严格的专门教育,合理安排图书馆内部的一切事务,图书馆应由受过专门教育的专业人员来管理。

1839年法国的L.A.C海塞出版《图书馆管理学》,认为图书馆学的宗旨是解决最有效地管理图书馆的问题。19世纪末,图书馆管理研究的中心转移到美国,杜威的图书馆管理思想影响至今,其思想的核心是关心时间和成本效益,把图书馆工作作为一种专门职业,提倡图书馆工作的标准化和规范化。“用最低的成本,以最好的书刊,为最多的读者服务”就是杜威提出来的。同年,圣路易斯公共图书馆馆长F.M.克伦登著文提出要运用企业管理方法管理图书馆。

20世纪二三十年代，是世界图书馆发展史上的重要时期。1931年，印度图书馆学家阮冈纳赞出版《图书馆学五定律》，探讨了图书馆工作的基本规律，具有重大的理论意义。

第一，书是为了用的(Books are for use)。

图书馆的主要职能并不是收藏、保存图书，而是使图书馆得到充分利用，这是开展一切服务工作的前提。任何一本图书，只有通过人的使用才能显示它自身的价值，再好的图书，装帧再精美，如果它不能为人所用，那它也就没有存在的价值。图书馆所处理的信息资源无论是拥有还是存取，都是为了用于满足用户信息需求的。

第二，每个读者有其书(Every reader has its book)。

图书馆以开放的姿态迎接读者，作为图书馆员就应该能够提供满足不同用户需求的信息。这一规律也可以从两个方面理解：首先，图书馆是为大众服务的社会机构，应该消除阶级、城乡、年龄、文化程度等方面的障碍与差别：其次，要求提高藏书的保障率，让每位读者都能够得到其所需要的书籍，使图书馆的资源建设以用户需求为导向，去组织信息资源，以保证用户需求的尽可能满足度。

第三，每本书有其读者(Every book has its reader)。

提高图书馆的利用率，为每本书找到其潜在的读者，强调图书馆工作的“揭示性”，即为图书馆的潜在读者完全揭示馆藏的能力。要达到这一目的就必须要充分了解读者的需求，以读者需求作为图书采访的依据，使有限的资金得以充分利用，最大限度地挖掘信息资源潜力。

第四，节省读者的时间(Save the time of the reader)。

要求图书馆工作必须考虑读者的时间和成本效益，强调给予读者最大的方便、最多的自由、最少的限制。在现代网络环境下，浩如烟海的信息使得用户难以选择自己所真正需要的精准信息，此外，著名的“穆尔斯定律”也简单、深刻地指出：“一个情报检索系统，如果对用户来说，他取得情报要比他不取得情报更伤脑筋和麻烦的话，这个系统就不会得到利用。”这就使得图书馆在信息收集、处理、加工、存储、提供等一系列的工作中，一方面要与用户充分沟通，开发简单易用、界面友好的检索系统；

另一方面要大力加强对用户的指导,真正做到让用户用得上、用得好和喜欢用,以便切实提高用户查询效率、节省宝贵时间。

第五,图书馆是一个生长着的有机体(Library is a growing organism)。

图书馆的形态是不断发展完善的,然而图书馆的发展必然离不开社会这个大环境,在经历了古代藏书楼、近代图书馆、现代图书馆的发展阶段,其未来将朝着数字图书馆,虚拟图书馆的方向发展,具有生生不息的活力。图书馆是生长着的,这就要求图书馆人应该站在时代的前沿,以发展的眼光来规划和管理图书馆。在现代社会信息化进程中,图书馆的信息服务功能将成为其核心任务而处于首要的地位,信息服务的能力将成为决定图书馆的发展潜力甚至其生存力的关键因素。所以,"以人为本,服务至上"的理念是保证图书馆这个发展的有机体不断保持旺盛生命力的思想灵魂。

美国的巴特勒1933年出版的《图书馆学导论》开拓了图书馆学研究的新领域,谢拉进而把图书馆学的理论体系建立在他所设想的"社会认识论"的基础之上。列宁一生与图书馆事业有着极为密切的联系,他将图书馆事业视为国家文化发展水平的标志之一,他的关于建立图书馆网和图书馆事业集中管理、统一领导的思想,对许多社会主义国家的图书馆事业曾起到重大指导作用。

(3)现代图书馆的管理思想

现代图书馆管理思想是在全面总结近代图书馆管理经验的基础上逐步形成的。现代图书馆是指第二次世界大战结束直到现在的图书馆,是第三代图书馆。马丁、费伊斯、麦考尔、怀特等分别于1947年、1950年、1953年、1985年出版了《图书馆人员的管理》。1966年R.M.多尔蒂和E.J.海因里兹出版《图书馆工作的科学管理》。20世纪60年代后期系统理论等现代管理理论逐步得到应用。1977年美国图书馆学家R.D.斯图亚特、J.I.伊斯特利克合著的《图书馆管理》出版,该书系统地总结了美国现代图书馆管理的理论与实践,注意吸收和移植管理科学及其他行业管理的理论与方法,按计划、组织、人事、指挥、控制等管理职能论述图书馆的管理。同年美国图书馆学家WB.希克斯和A.M.蒂林著的《现代图书馆管理》,运用系统论的思想全面探讨了在图书馆进行目标管理的原则和方法。代表苏联20世纪50年代以前图书馆管理理论水平的是列宁关于图书馆事业的著作,其图书馆管理思想集中反映在《列宁论图书馆事业》一书中。列宁批判地继承人类已有的图书馆学思想成果,以新的视角深刻认识图书馆在人类社会生活发展中的极其重要的地位和作用,全面揭示出图书馆与国家经济建设的内在联系。此外,苏联图书馆管理学方面的著作还有O.C.丘巴良的《苏联图书馆事业组织原则》(1956)、N.M.福鲁明的《图书馆的组织与管理》(1980)等。现代图书馆以电子计算机技术在图书馆中的应用为标志,对图书情报资料进行机械化,自动化处理,从而代替了几千年传统的手工操作技术,提高了图书馆的工作效率,使图书馆日益成为一个自控的信息交流系统,随着社会的信息化、网络化,图书馆的工作和服务更加深入,各图书馆间的联系更为紧密。图书馆的功能、职责大大扩展,服务手段、管理水平不断提高,新的管理思想不断涌现。

21世纪以来,随着计算机技术的发展,光盘技术、联机目录、集成化的图书馆管理系统等新技术在图书馆领域得到广泛应用,国外图书馆的管理思想产生了新的发展,同时,图书馆的传统形态也彻底进行了改变。如新加坡公共图书馆从2000年开始普遍实行了读者自助服务,所有图书馆均有自动借还设施。无论是借书、还书、预约、查询(已借、未还、逾期)、逾期费支付等均十分简单。这种全自助式的现代化手段的运用不仅培养了市民的信息素养,也使读者通过各类自助设施学握了利用图书馆的方法。

经过近百年发展,图书馆管理学不仅在图书馆学体系中确立了核心地位,也开始有了自身的理论体系雏形。Robert Haysr2001年出版了《图书馆管理、决策和计划模型》一书,除科学管理外,还包括了员工评估、资源、机构和联盟费用等内容。Robert·D.Stueart和Barbara.B.Moran的《图书馆与信息中心管理》至2007年已出版第七版,增加了营销、团队建设和伦理等章节。近年国外图书馆管理研究有六个重点方面分别为:图书馆组织、人员等问题;图书馆管理引入其他领域相关理论和方法;图书馆具体业务方面的问题:数字图书馆的专门研究;图书馆知识管理研究和图书馆多元文化服务的研究。图书馆评估、图书馆营销、服务质量、人力资源管理、知识管理等促进了图书馆管理学新理论的发展。

新世纪计算机、网络、通信技术的快速发展,使得图书馆网络发挥了更加有效的作用。例如美国、加拿大等国合作实现北美地区的资源共享。其主要包括以下几个方面:馆际互借与全文传递、共享流通系统、资源建设合作、联合编目、专门技术等。资源共享的目标是所有的图书馆、所有的读者、无论是亲自或是远程都可以方便地利用资源。在北美地区,主要通过OCLC/World Cat实现书目共享,采用ILLiad实现管理系统的共享。在伊州通过ILLINET Online实现65个成员馆之间的馆藏资源共享,资源共享收到了明显的效果。

随着图书馆的规模日趋庞大和复杂,现代管理学理论日渐成熟,管理学理论不断被运用到图书馆中。著名美籍华裔图书馆学家李华伟在《现代化图书馆管理》一书中总结道:"现代管理学在美国图书馆的应用比较受重视的有三个方面:图书馆结构的观点,图书馆人际关系的观点,图书馆政治运用的观点。"结构的观点是强调组织的重要性,视组织为有理性的系统,它假设图书馆与其他组织一样,设立和存在是为了要达到某种预定的目的;组织结构及其内部程序受制于它的目的、规模。技术和环境、组织的行为基本上是理性的。人际关系的观点是在某种程度上相信组织是理性的,但认为组织与员工的需要只有一致才能和谐互惠;组织中员工能较大地影响组织的目的、目标和程序;员工要依赖组织来满足个人需要和获得生活的意义;假如个人的需要能符合组织的需要,不但个人感到满足,组织的目的也能实现。政治运用的观点是重视以协调方式来处理组织内部的冲突现象,并能在分配有限资源时考虑到权力影响的因素;一个组织内最重要的决策是如何分配有限的资源;一个机构的决策是各种内部协调的结果;在一个组织内各位员工和各单位都有不同的价值观念和对现实的看法;机构的目的是多重的,决定机构的目的要经不断地协商和谈判。

近年来,现代心理学被越来越多地引入图书馆人力资源管理。从心理学角度分析人与人之间的不同之处，是更好地进行人力资源的开发与管理的前提。图书馆的管理者应注重对自己、对图书馆馆员性格类型的认识、分析和了解，不仅能够更好地规避冲突，而且能够促进图书馆的正常运营和良好的组织文化的形成。瑞士精神病学家卡尔·荣格的心理类型理论和嘉芙莲·谷嘉·碧瑞斯与她的女儿伊莎贝·碧瑞斯·麦尔创造的16种MBTI(r)性格类型是进行个性分析的重要理论和工具，运用荣格的心理类型理论发展这种方法来帮助人们理解自己的行为，以及人们的行为如何因人而异。根据对人员进行测评，了解每种性格的人擅长于从事哪些工作、性格特征、别人如何看待某种性格特征的人，以及每种性格潜在的发展领域等，在图书馆的工作岗位上发挥各种性格特征人员的优势以及最佳组合。

（二）中国图书馆的起源及管理思想的演变

1. 中国图书馆的起源

中国最早的文献形态，是公元前14世纪到公元前11世纪商代后期的甲骨文献和金文文献。商代设有史官，掌管记录统治者的言行及重大事件的图书档案。周代除王室有收藏文献的库室外，各诸侯国也有本国的文献库室。秦汉以后，图书馆工作逐渐与档案管理和史官职责相分离，开始走上独立发展的道路。汉代造纸术的发明与改进，为纸质文献的产生提供了条件。三国魏晋南北朝由于战争频发，无论是各国的官府藏书，还是私人藏书，都历经几度积累、破坏和恢复，但图书馆总的说来仍呈现曲折上升的趋势。隋唐写本书盛行，推动了图书馆事业的发展。唐代发明的雕版印刷术，至宋代得到普遍推文献的生产更加方便，五代十国曾一度凋敝的图书馆事业又迅速复兴起来，并且出现了新的图书馆类型—书院藏书。金、元两代图书馆没有重大发展。明代又掀起高潮，以私人藏书成绩最为可观，成了图书馆事业的主流。清代无论是官府藏书还是私家藏书在数量和规模上都大大超越了前代。鸦片战争以后，封建时代的图书馆事业逐渐向近代公共图书馆事业过渡。19世纪末叶，在戊戌变法运动的影响下，一些较开明的维新派人士请求开设公共性的藏书楼。初期的公共图书馆，多由藏书楼演变而来。1902年，浙江绍兴的徐树兰凭一己之力筹建古越藏书楼，于1904年正式开放。湖南图书馆和湖北图书馆也先后成立。京师图书馆（北京图书馆的前身）于1910年开始筹建，1912年正式开放。

近代大学图书馆的产生，在时间上要早于近代公共图书馆。1902年由中国人自己创办的京师大学堂图书馆为最早。由外国人在中国创办的教会大学图书馆，以1894年成立的上海圣约翰大学图书馆为最早。

20世纪二三十年代，图书馆事业发展较快。据统计，1930年全国有各类型图书馆2935所，到1936年达5196所。前身为京师图书馆的国立北平图书馆1929年与北海图书馆合并，藏书50余万册。这一时期的通俗图书馆改为民众教育馆，据1935年统计，多达1225所。1937年开始，有无数座图书馆遭到破坏，图书馆事业的发展受到了严重的挫折，之后中国出现了一些具有进步倾向的图书馆，收藏有许多马克思主义书籍。工人图书馆、工人阅报室也在各地相继成立。在以后的苏区和解放区，革命政府建立了中山图书馆、鲁迅图书馆、中共中央图书馆以及其他各类型专业图书馆。

2. 中国图书馆的管理思想

（1）中国古代图书馆的管理思想

中国古代不仅创造了图书馆管理制度，也相应地出现了许多独具中国特色的图书馆学思想。我国图书馆事业源远流长，在悠久的历史中藏书楼时期占了绝大部分。我国古代藏书楼所孕育的图书馆思想是非常丰富的。商周至汉代，可以说是图书馆管理思想的萌芽和积累时期，这个时期的管理思想仅限于对书籍的管理，处于零散、局部的状态，藏书活动中表现出的藏书管理思想多属于一种自觉性不强的无意识行为。而自汉至清，是中国古代图书馆管理思想发展和趋于成熟的重要时期，在这一时期中虽然仍是以藏书管理为核心，但管理的体制逐渐完善，管理思想更加丰富。在体制方面，从商周的史官掌管藏书，到东汉建立秘书监制度，一直延续了1200多年，到清代建立完善的由文渊阁统管藏书的馆阁制度，可以说在管理体制上随着藏书规模的日渐庞大而趋于缜密完善。在管理制度和方法上，藏书思想一直是古代图书馆思想中占主导地位的思想，不论官家藏书、私家藏书抑或书院藏书，皆十分重视收藏和保护。只是到了清代，这种“重藏”的思想才有所改革。特别是清代书院兴盛，促进了一味重藏这种长期形成的观念的改变，为了解决藏书利用问题，在管理中出现了一些借阅制度和新的管理方法。在中国古代图书馆管理思想中一个重要的特点是十分重视人的因素。自从东汉设立秘书监制度后，就十分重视其中官职的选用。宋代尤甚，洪迈曾称“国朝馆阁之选皆天下英俊，然必试而后命，一经此职，遂为名流。”管理人员选任严格，必须经过考试，合格后才能担任低级馆员，如校勘等。担任馆职官员的工作必须接受考核，成绩优秀者方可升迁。这些都反映了古代图书馆思想的丰富和具有的特色。

西汉刘向、刘歆父子的校书编目工作，建立了中国封建时代图书馆工作的一个基本模式。《七略》作为一部系统目录，开创了一个典籍以六经为首，诸子以儒家为尊的分类体系。自汉六分，晋四部，几经变化，到了唐代确定为“经史子集”四类，成为后世图书分类体系的主流。从隋唐开始，关于藏书聚散的情况和原因已经引起关注。隋朝秘书监牛弘撰写《请开献书之路表》，此后成为政府图书馆从民间征集图书的一种行之有效的办法。宋代是中国古代图书馆学思想发展的重要时期，一大批学者开展了这方面的学术活动。南宋的程俱、郑樵和金代的孔天监是其中的代表人物。程俱在南宋首任秘书少监时，将北宋时期国家图书馆的沿革、职能、人员，藏书的征集、整理、典藏和利用等基本工作，总结成《麟台故事》一书，进呈朝廷。这是现存最早的有关国家图书馆事业的资料。郑樵在其《通志》的《艺文略》《校样略》和《图谱略》等几部分中系统地提出了以藏书整理为核心、以流通利用为目的的思想。他还根据前人和自己的经验，提出搜集图书的八种方法。金代的孔天监，在其《藏书记》中记述了建立公共藏书楼的创举，反映出公开藏书的思想。

在私人藏书极盛的明代和清代，一些藏书家开始总结自己的经验，一批论述藏书工作的著作相继出现，在一定程度上概括了封建社会图书馆工作的内容，其中科学价值较大的有邱睿的《论图籍之储》和《访求遗书疏》、祁承㸁的《谱生堂藏书约》和《庚申整书小记》、曹溶的《流通古书约》、孙从添的《藏书纪要》、周永年的《儒藏说》等。明清两代藏书工作理论和方法研究的丰硕成果大大超越了前朝，是中国古代图书馆学思想发展史上的高潮和总结，又为中国近代图书馆学的产生和发展奠定了基础。

（2）中国近现代图书馆管理思想的发展

19世纪末20世纪初以来，随着“西学东渐”的潮流，西方图书馆学思想也传入中国，并与中国图书馆学传统内容相结合，使中国图书馆学开始向近代新领域过渡。人们大量翻译西方图书馆学专著，并进行系统研究，1917年胡庆生和沈祖荣编制出版的《仿杜威书目十类法》为中国近代第一部图书分类法，此后1920年—1930年有杜定友、王云五、刘国钧等的《图书分类法》。1926年洪有丰的《图书馆组织与管理》和马宗荣的《现代图书馆经营论》出版，这是我国最早的关于图书馆管理的专著。1925年，中华图书馆协会成立，次年创办了《中华图书馆协会会报》和《图书馆学季刊》，掀起了新图书馆运动。30年代在中国出现了图书馆学研究的高峰。这一时期出版了一批颇有分量的学术专著，30年代有皮高品的《中国十进分类法及索引》（1934），刘国钧的《图书馆学要旨》（1934）等，并有大批图书馆学学术论文见诸各种报刊。这些论著对图书馆立法、管理、建筑、设备和技术行了探讨，但这种研究仍旧偏重于图书馆工作的技术与方法。

20世纪50年代中期，对图书馆学基本理论问题的研究逐渐开展起来，以1956年在南京举行的首次图书馆学讨论会为开端，掀起了图书馆学理论研究的热潮，一直延续到60年代。学术界对图书馆学的研究对象、学科体系、图书馆事业组织原理等都进行了较为深入的讨论。图书馆的基本矛盾，图书馆的性质、地位和作用，图书馆工作的规律，图书馆员业务基本功的训练等问题，都成为当时图书馆学研究的焦点。

跨入20世纪70年代后，随着政治经济形势的发展，中国图书馆学研究出现了生动活泼的局面。1979年7月，中国图书馆学会成立。在此前后，全国29个省、自治区、直辖市都相继成立了地方性图书馆学会。在全国和各地方学会的组织领导下，图书馆学专业刊物纷纷恢复和创办。

到1990年底已达60余种，其中影响较大的有中国图书馆学会创办的《中国图书馆学报》、中科学院文献情报中心主办的《图书情报工作》等。根据初步统计，1949—1979年发表的论文总数为4600多篇，而1980—1988年发表论文总数为2万多篇，图书馆学主要的专门著作也大多集中在这一时期。图书馆管理学专著有张德芳的《图书馆科学管理》(1981)、于鸣镝的《图书馆管理学纲要》(1986)、鲍林涛主编的《图书馆管理学》(1989)、王淑惠的《现代图书馆管理》(1989)、王学东编著的《图书情报管理学概论》(1990)、单行主编的《高校图书馆管理》(1991)、黄宗忠编著的《图书馆管理学》(1992)、谭详金著的《图书馆管理综论》(1997)等。

(3)20世纪中国图书馆管理思想的演变

20世纪是中国图书馆管理思想发展的重要时期，这期间虽然只有一百年，然而由于这一时期的中国图书馆经历了两次重大变革，即由封闭的藏书楼演变为开放的图书馆(20世纪初)，以及在传统图书馆基础上建成基于互联网和现代信息技术的现代图书馆。图书馆的职能发生了深刻变化，人们对图书馆的认识以及对于办图书馆的认识亦发生深刻变化，从而形成极其丰富的图书馆思想，它的辉煌是过去数千年的图书馆史上所不曾出现的。因此，有必要对20世纪图书馆的管理思想的演变做一些分析。

第一，图书馆的开放思想。图书馆的开放思想是20世纪图书馆的主导思想，它伴随图书馆从世纪初走到世纪末，每一个时期都有其独特的内容。世纪初由近代藏书楼迈向传统图书馆时，“开放”的意义，还主要限于图书馆的大门开始向社会敞开，阅读的权利由社会的上层转移到人民大众。20世纪80年代以后，传统图书馆开始向现代图书馆过渡，“开放”便具有了“全面”的意义，几乎所有藏书都可面向读者，而且读者不但可以走进图书馆，还可以走进书库、走近书架，直接面对藏书。到20世纪末，随着网络环境的出现和信息技术的飞速发展，图书馆的开放又赋予了新的意义，这时的图书馆与读者之间已无围墙可言，读者在图书馆外的某处可以在网上方便地利用图书馆的文献信息。从整体上看，我国图书馆是由有限的开放逐渐走向全面开放的，但是由于藏书楼传统的悠长，由于体制和管理上的不完善，这种开放的步履就显得十分艰难，藏书楼“封闭”的观念，始终在左右着20世纪中国的图书馆，只是到了世纪末，这种“封闭”的困扰才逐渐减弱。甚至在当今图书馆的许多环节中仍可见到过去封闭的影子。我们从文化层面来分析，20世纪中国图书馆始终在“开放”和“封闭”的矛盾中挣扎的现象就不难理解了。

第二，平等阅读思想。这里的“平等阅读”概念实际上泛指读者到图书馆接受到的全部服务。平等原则是国际上图书馆共同遵循的重要原则，它实际上是图书馆开放性原则的延伸。印度图书馆学家阮冈纳赞著名的现代图书馆五定律的第二条明确写道：“每个读者有其书”。图书馆平等阅读的原则实际上是西方国家民主制度的一种反映。在20世纪的中国，虽然很早就打出了“科学”和“民主”的旗帜，但民主观念的深入人心是一个漫长的过程，它需要一定的社会基础。因而图书馆的“平等阅读”的理念在中国的发育也并不十分完善。20世纪初图书馆建立之后，尽管大门是向所有的人开放的，然而由于当时文盲所占比例极大，并且一些识字的人，由于迫于生计，也无暇来图书馆看书，因而图书馆的服务范围实际上是很小的。那时不但图书馆数量少，而且规模也十分小，如湖南省图书馆的藏书，直到40年代末仅有10多万册。中国是一个有长期封建社会、历史封建等级制度极深的国家，这种等级观念对图书馆的平等服务的影响也是较深的。改革开放以后，图书馆的平等服务理念逐渐被人们接受，然而在图书馆的一些服务领域，对平等的认识并未取得一致，甚至将一些错误的做法误认为是先进的东西加以推广。20世纪80年代以后我国图书馆事业发展很快，在办馆思路上也大为解放，出现了一些新做法。如图书馆对一些重点读者实行一些重点服务、特殊服务，高校图书馆广为流行一种教师与学生相区分的“分流服务”等等（今天看来实际上这种差异就是服务的不平等）。

第三，从注重规模到注重效益的办馆思想。与西方国家图书馆事业相比，我国图书馆长期以来基础薄弱，网点少，规模小。20世纪80年代开始，随着我国经济文化的发展，图书馆事业相应地受到重视，全国的图书馆事业迅速发展。在事业发展的同时，图书馆的发展应遵循什么道路和原则成为人们最关心的问题,图书馆事业发展的战略研究成为图书馆界关注的焦点。在公开发表的大量研究文章中,“关于图书馆事业发展软件的思考”之类的文章特别引人注意,因为这些文章中提出了两个重要问题:一是要重视事业发展中对人的观念问题的研究;二是在建设图书馆时对图书馆的实际效益的研究。

如果说20世纪80年代前期是我国图书馆发展的粗放管理时期,那么经过80年代后期的事业发展战略研究,图书馆的发展则进入了相对理智的时期。事业发展战略中涌现出许多新的观念,其中核心思想是以效益为核心的思想,告别了盲目追求规模的做法。人们在对20世纪80年代前期我国图书馆的发展做过一些考察,发现经过快速发展后,图书馆藏书利用率并未能提高,利用率仍停留在30%、50%左右,而国外一些图书馆的藏书利用率却高达100%以上,甚至达到200%,在利用率上如此大的差距,使人们反思,前些年的发展是一种只顾规模不顾效益的发展,这种发展不可能是一种长期持续地发展。当政府发现其对图书馆的投入不能产生相应的回报,将会压缩以后的投资规模。因此,我国图书馆的发展应当走规模与效益并重,以效益为中心的道路。

第四,从规划不到位到科学规划。图书馆具有很强的文化累积性,图书馆的一些功能要通过长时间的持续努力才会得到充分的发挥;某一图书馆的馆藏特色的形成往往需要十几年、几十年、甚至上百年的时间。因而图书馆发展的科学规划、长期规划就显得尤为重要。我国图书馆事业规划发展理念的真正觉醒,是在1986年在武汉大学召开的“全国中青年图书馆学情报学研讨会”之后。规划发展理念的产生基于以下三个方面:一是20世纪80年代初期图书馆事业的迅速发展,迫切需要科学规划的指导;二是西方科学管理概念的导入,使图书馆界自觉地开始将管理学中的一些原则嫁接到图书馆管理中;三是通过战略研究为图书馆的理论研究和实践结合找到了一个结合部。

第五,协作观念的发展。在20世纪图书馆发展中可以清晰见到从分散到整体发展的脉络。这种发展随着图书馆功能的不断扩展而日益受到重视。20世纪初我国新建立的一批图书馆,其主要功能是开通民智、推进教育。这时的图书馆主要是面向大众的。

中华人民共和国成立后，随着教育、科学、文化事业的发展，对图书馆的藏书深度提出了较高的要求，图书馆间的合作引起了人们的重视。20世纪50年代中期曾出台《全国图书协调方案》，主张建立全国性的中心图书馆委员会，但是在其后20余年间这种馆际协作协调活动并未有效开展。其原因主要在三个方面体制、观念、政治背景。在体制方面，我国一直沿用一种条块分割的体制，它重视"条"，即"系统"中的图书馆的合作，而忽视了"系统"间的合作和协调，因而这种合作是局部的。观念的落后是图书馆合作长期处于较低水平的主要原因。分散的、各自为政的办馆理念的主要思想根源，在于我国图书馆界长期存在的藏书楼思想。到了20世纪80年代，这种传统受到来自西方的严峻挑战。80年代初，随着新技术浪潮的兴起，西方思想界的系统论、控制论、信息论传到我国，图书馆界开始尝试以新的管理思想来解决一些宏观现实问题。在80年代，"系统"观念与图书馆联系最紧密的是关于建设我国文献资源保障体系的设想，有人设计出了关于我国文献资源建设布局的两种主要模式——学科布局和地理布局。地理布局主要是打破"条条"束缚，强调集中统一管理，是一种较理想的体系管理模式。由于体制和技术操作方面的原因，此管理模式一度搁浅。但是，随着信息技术的发展和数字图书馆建设的不断完善，一种在网络基础上的图书馆合作终于变为现实。回顾20世纪80年代进行的这些探索，更会体会到思想启蒙对于图书馆现代化建设的深刻意义。

第六，从书本位到以人为本。中国是一个重传统的国家，而传统的主要承载物是书籍，因而中国人对书籍的膜拜是根深蒂固的。自从孔子删诗书订礼乐而有了众多经典之后，人们对经典的敬仰就世代延续下来。这便是我国传统图书馆长期不变的书本位观念的历史渊源。藏书楼从贵族化走向平民化是对书本位思想的一次猛烈冲击。然而在20世纪，虽然书籍已脱下了贵族的外衣，可是它在中国远远没有达到能够普及的程度，特别是20世纪前半叶，书籍的出版仍然很少，在社会上仍然是稀缺之物。20世纪50年代初，一些省(市)的图书馆藏书仅有十数万册，为了保证书籍不丢失，有些图书馆还沿用中华人民共和国成立前的铺保制度。图书馆将书籍妥善保管，使其能为更多的人利用是无可非议的，然而将爱护书籍固化为“书本位”却是一种本末倒置的糊涂观念。中国是一个经历了长期封建专制的国家，20世纪中国图书馆中以书为本的思想几乎贯穿始末，不过中间也有一些变化，这就是书本位的思想到了80年代曾让位于以馆舍、现代化设备为核心的思想，从以书为本到以电脑为本体现出国人对物的崇拜和对人文的淡漠。不过在20世纪末的现代化进程中，人们倾听到一种新的声音：现代化过程中最重要的是人的观念的现代化。图书馆界也出现了关于提倡科学精神和人文精神的呼唤，人们开始认识到对人（包括读者和图书馆员）的尊重是实现图书馆现代化转变的不可缺少的前提。

第七，从以内务为中心到以读者用户为中心。在我国20世纪图书馆的发展中可以发现管理中一个重要的现象，就是图书馆十分注重业务整理工作，而轻视面向读者的服务工作。图书馆对书籍进行分类、编目、典藏在古代藏书楼有悠久的历史和优良的传统。从西汉刘向、刘款在宫廷整理图籍、创制《别录》《七略》，代代相沿，形成了以政府藏书为主线的体系，且历代的书藏整理都极重视图书的分类和目录的编制，从而形成官修书目、史志目录、私家目录的庞大体系和撰写提要等传统，这种传统自然也给近现代的图书馆工作产生重大影响。在图书馆的大门敞开后，图书馆的业务重点还是放在分类、编目上，而对读者的服务长时期处于一种较低水平上。近几年随着图书馆信息技术的发展，图书馆的功能也发生了变化，读者服务工作逐渐受到应有的重视，许多图书馆把服务工作放在第一位。

一切以读者为中心，为读者提供优质服务的理念逐渐深入人心。体制、法制和人文理念人们认知的顺序是由表及里的。从文化视角看，观念形态是文化的内层，而管理体制和法规制度是文化结构中靠近外层的部分。20世纪中国近代图书馆从建立之初就十分注重法规制度的建设，20世纪上叶由教育部颁布的《图书馆规程》就有多部，如1915年的《图书馆规程》《通俗图书馆规程》，1930年的《图书馆规程》，1939年的《修正图书馆规程》,1947年的《图书馆规程》。此外,比较重要的法规条例还有1910年的《学部奏拟定京师及各省图书馆通行章程摺》,1927年的《图书馆条例》,1930年的《新出图书呈缴规程》《私立图书馆立案办法》,1939年的《图书馆工作大纲》,1944年的《图书馆工作实施办法》等。新中国成立后政府颁布的关于图书馆的法规条例就更多了。这些条例法规对于图书馆事业发展和图书馆工作的规范化起到了良好保障作用。但是,法规条例的约束作用也给图书馆带来一些负面影响,由于法规的稳定性作用,使图书馆发展的新观念新思想受到一定程度的扼制,图书馆改革步伐缓慢。图书馆的思想启蒙和人文理念是在20世纪80年代后期开始在图书馆发展起来的。图书馆界在现代化过程中不断进行反思,发现人的观念的现代化是根本的决定的因素。

我国图书馆20世纪产生的丰富的管理思想,除上述几个方面,其他还有诸如关于藏与用的关系,关于多种模式办馆的理念,关于建设特色图书馆的理念,关于多元服务的理念等等,包罗万象,从这些关于图书馆的管理思想和管理理念中,我们可以窥见人们的图书馆管理理念的进化过程,及其在图书馆的现代化过程中不断地思考和不懈的追求精神,实际上就是创新精神。

(4)21世纪中国图书馆管理思想的发展

进入21世纪之后,随着互联网等技术的发展成熟,人类社会迈进了信息时代,图书馆从传统纸质形态进入了现代数字图书馆管理时代。在这个新世纪,中国的经济飞速发展,图书馆事业也进入了繁荣发展的新时期。尤其近年来,随着国际化进程不断加快,国内图书馆与国外同仁的联系和交流不断深入,为我国的图书馆事业建设提供了先进的管理理念和方法,极大地促进了中国图书馆事业的成熟。现代化技术在图书馆工作的应用,几乎改变了国内图书馆管理的所有方面,图书馆的服务效率和服务质量都得到了极大的提高,图书馆管理思想也得到了新的发展。

第一,21世纪我国图书馆管理思想发展的理论基础。在我国,对于图书馆管理含义的认识,是随着国外管理学理论和方法的译介,以及图书馆管理实践的发展深化而逐渐完善起来的。21世纪以来，我国图书馆管理学的研究倾向于内容拓展和管理实践总结。2010年出版了两部“十一五”国家级规划教材，一部是付立宏和袁琳的《图书馆管理学》(武汉大学出版社)，以2005年编著的《图书馆管理教程》为基础，由基础篇、职能篇、制度篇、方法篇和应用篇构成；另一部是刘兹恒、徐建华、张久珍主编的《现代图书馆管理》(电子工业出版社)，基本沿袭了徐建华《现代图书馆管理》(南开大学出版社，2003年)的框架，只是去掉了分篇(理论篇、战略篇、运作篇和专项管理篇)，并将最后一章的危机管理一节扩展为一章。这些教材试图将各种新的图书馆管理思想纳入图书馆管理体系，在结构和内容上都做了新的尝试。

21世纪以来，图书馆管理向专门领域发展，产生了一批较高质量的学术著作，如图书馆人力资源管理方面有：贺子岳《网络环境下图书馆人力资源的开发研究》(北京图书馆出版社，2004年)、张峰《大学图书馆馆长研究》(合肥工业大学出版社，2007年)等；图书馆质量管理与评估方面的著作有：罗曼《图书馆全面质量管理》(安徽大学出版社，2003年)、张红霞《图书馆质量评估体系与国际标准》(国家图书馆出版社，2008年)、方小苏《图书馆绩效评估》(浙江大学出版社，2008年)等；图书馆知识管理方面著作有柯平等的《图书馆知识管理研究》(2006年)、盛小平的《图书馆知识管理引论》(2007年)等；管理新思维方面有：吴建中《战略思考：图书馆管理的10个热门话题》(上海科学技术出版社，2005年)、熊丽《数字时代的图书馆管理》(北京图书馆出版社，2006年)、唐承秀《图书馆内部管理沟通》(天津大学出版社，2009年)、赵益民《图书馆战略规划流程研究》(国家图书馆出版社，2011年)等。

此外，图书馆知识管理的研究也取得了不少颇有理论深度的成果，其中具有代表性的文章有柯平的《以知识管理为基础的图书馆学》、邱均平的《知识管理与图书情报学的创新》等。从大量的研究文章中可以看出，近几年国内知识管理关注的问题主要有：强调隐蔽知识的观点，这使我们从一个全新的角度来评价人才的价值；知识管理所关注的另一个核心是信息的超载与知识的匮乏；知识管理对图书馆工作的创新以及知识资本的运营和创新问题。

与此同时,其他学科对我国图书馆宏观管理思想发展也有一定的启示作用。图书馆学科,向来具有开放地吸收外来成果的传统。在21世纪之初,这种传统更加明显。例如,于良芝的《拓展社会的公共信息空间:21世纪中国公共图书馆可持续发展模式》,就以信息政治经济学理论和图书馆管理中的政治学理论为视角,考察了现阶段我国图书馆采取的发展策略对图书馆可持续发展的效果,剖析了图书馆主要利益权人——政府、企业、社会公众——在图书馆发展中的作用,并在此基础上为我国公共图书馆提出了平衡自我发展和社会支持的可持续发展模式,包括公共图书馆管理体制模式、经济模式、服务功能模式;王子舟用社会学方法开展的一些关于弱势群体的调研,以及以社会学话语体系撰写的《图书馆产生特点与演进路径》,用公共财政理论视角撰写的《图书馆的公共性质与公共目标》,是公共图书馆管理上升为公共管理的力作;蒋永福用制度经济学视角撰写的一系列有关图书馆制度方面的论文,使人们对制度有了更深入全面的认识。当然,还有学者运用哲学、文化学、政治学、社会学的方法对图书馆管理进行了研究探讨。这系列研究,以强化政府对公共图书馆的治理能力,提升政府绩效和公共图书馆的服务品质,从而实现公共的福利与公共利益为核心,为图书馆的治理提供了坚实的理论基础。

第二,“坚持人民主体地位”的图书馆管理思想进一步发展。十九大报告深刻指出,“必须坚持人民主体地位,坚持立党为公、执政为民,践行全心全意为人民服务的根本宗旨,把党的群众路线贯彻到治国理政全部活动之中,把人民对美好生活的向往作为奋斗目标,依靠人民创造历史伟业”。这是习近平新时代中国特色社会主义思想人民性特质的展现,是习近平总书记人民哲学的又一次重要表达。同时,“坚持人民主体地位”,即以人为本的管理思想,也是图书馆系统管理工作、全面协调各种矛盾问题、顺利推进图书馆系统可持续发展的根本方针。

“坚持人民主体地位”的办馆理念在现代图书馆馆舍建设、制度建设、服务程度和环境改善等各个方面中都得到体现。深圳南山图书馆设立了儿童娱乐室，“妈妈、爸爸读者”可以将孩子寄托后安心地去图书馆其他各室借阅；首都图书馆在一楼设立了“康复阅览室”和为残疾读者准备的轮椅；上海图书馆设立盲人阅览区；上海黄浦区图书馆按“国际视窗”“投资理财”“设计新潮”三个专题，陈列各种载体文献的涉外信息服务；湖南图书馆从方便读者出发，大胆对原综合书库进行了改造，将原有的高书架换成低书架，对整个书库进行了装修，为读者营造了一种宁静、宽松的极具人文意蕴的阅读氛围。

上述“以读者为中心”的人性化服务，是图书馆“坚持人民主体地位”管理理念极具重要意义的实现方式，同时，人性化服务也与它的提供者——图书馆馆员——密切相关。“优秀的图书馆馆员是当代图书馆最重要的资源和首要财富”。“以馆员为中心”的人性化管理也应该成为图书馆“以人为本”的核心内容。图书馆在政策制定、岗位设置、业务运作等方面要设身处地地为馆员着想，在管理中尊重人、理解人、关心人并发挥人的创造性与潜能。

第三，图书馆“依法治馆”管理思想的发展。进入21世纪后，随着国家法治力度的加大和范围的不断普及，学者们对图书馆内实行“依法治馆”的呼声越来越高。总体上，图书馆法律问题研究有两个重点。第一，图书馆立法——图书馆法律问题的宏观研究。主要集中在立法的概况、主要内容、主要问题等方面。第二，数字图书馆知识产权的保护——图书馆法律问题的微观研究。主要是数字图书馆知识产权的保护方面，特别是进入WTO后，版权越来越成为数字图书馆发展的制约因素。另外，图书馆有偿服务的法律保证，图书馆馆员资格认证制度的法律规定等，也是图书馆立法研究的内容。图书馆创新管理方面的研究也是现代图书馆管理研究的重点研究方面。

2017年11月4日，十二届全国人大常委会第三十次会议表决通过了《中华人民共和国公共图书馆法》(以下简称《公共图书馆法》)，并于2018年1月1日起正式施行。公共图书馆法主要从设施建设、法定条件、经费人员等三个方面明确了政府设立和保障公共图书馆的法律责任。确立了政府依法管理图书馆的指导思想，同时，也为政府如何管理公共图书馆确立了基本路径。它是我国政府管理图书馆思想的集中体现和高度概括。我国自清末图书馆诞生之日起,政府管理图书馆的行为决定了图书馆的功能定位、服务对象、绩效水准。

《公共图书馆法》以法律的形式固化了以往成功的实践经验、理论研究成果、正确的政策法规制度。在《公共图书馆法》中,读者权利得到全新的表达和诠释,从个体的权利保障进一步到社会不同群体权利的均衡保障,进一步促进社会的公平正义;借鉴国外图书馆事业发展的成功经验,从关注个体图书馆的可持续发展到关注区域图书馆的可持续发展,消弭不同地区的事业发展差距。关注制约图书馆事业发展的核心问题,即:均衡发展问题、绩效问题、经费人员保障问题、体质机制问题;给出了解决问题的技术路径:以标准化促进均等化,引导图书馆加强与科技的融合,解决公共图书馆服务"最后一公里"落地问题,以馆内服务、自助服务、流动服务和移动互联服务实现公共图书馆服务全覆盖的问题;以总分馆制、法人治理结构改革驱动图书馆向社会治理改革;明确区分中央政府和地方政府的责任边界,规定地方政府在发展公共图书馆事业中的责任,即:国家构建标准统一、互联互通的公共图书馆数字服务网络,支持数字阅读产品的开发和数字资源保存技术的研究,推动公共图书馆利用数字化、网络化技术提供服务;各级人民政府是图书馆体系建设的主体;区分政府与公共图书馆提供服务的角色定位,明确政府设立、公共图书馆运营。建立了社会力量参与公共图书馆事业的合法渠道。建立图书馆事业评价体系——全面保障公民对图书馆服务的基本文化需求,呼应新时代社会主要矛盾转化的历史要求;建立单个公共图书馆评估办法——办馆效益的全面提升;建立服务清单公开化的监管制度;建立政府评估、第三方评估、读者评估的评估机制。

第四,基于重大文件政策的图书馆管理思想的发展。现代图书馆主要利益关联人如政府、社会公众对当代图书馆管理思想形成,有着举足轻重的影响。首先,管理者必须接受政府的领导,以政府对图书馆的认识,决定了图书馆的生存发展环境。其次,政府治理方式的变化直接影响了公共图书馆管理思想。

党的十六大以来，我国政府的施政理念发生了一定的转变，也就是从全能管理型政府向法治服务型政府转化。这种转型建立在我国经济有较大发展的基础之上。2010年，我国成为世界第二大经济体，经济基础进一步向前发展。在文化领域，我国服务型政府提出了文化权利、文化民生的理念。在政策目标上，我国对内立足于国民经济社会发展与人民群众需要相适应，提升人民群众的文化获得感和幸福感；对外立足于经济全球化背景下国家竞争力转向软实力竞争的现实。党十八大、十九大报告中，文化位列“四个全面”和“五位一体”。党的十九大报告指出完善公共文化服务体系，深入实施文化惠民工程，丰富群众性文化活动。2015年1月15日，中办、国办联合下发《关于加快构建现代公共文化服务体系的意见》，指出要统筹推进公共文化服务均衡发展；增强公共文化服务发展动力；加强公共文化产品和服务供给；推进公共文化服务与科技融合发展；创新公共文化管理体制和运行机制；加大公共文化服务保障力度。2021年，十三届全国人大四次会议表决通过了《中华人民共和国国民经济和社会发展第十四个五年规划和2035年远景目标纲要》，该文件指出：优化城乡文化资源配置，推进城乡公共文化服务体系一体建设。创新实施文化惠民工程，提升基层综合性文化服务中心功能，广泛开展群众性文化活动。推进公共图书馆、文化馆、美术馆、博物馆等公共文化场馆免费开放和数字化发展。

这些指导性文件，特别是关于公共图书馆的论述，不仅是表述方式的变化，而且也是指导思想的变革。它体现了党和政府站在文化民生的角度看待图书馆等公共文化事业，反映了政府重视体系建设的文化发展观，为图书馆的科学可持续发展提供政治思想基础。这些文件的出台，加大了公共财政对图书馆的投入力度，彻底改变我国图书馆设施落后、经费短缺的生存状况，基本建立了覆盖乡村的文化服务网络。明确了公共图书馆服务遵循基本、公益、均等便利的原则，明确了实现公共图书馆服务全覆盖的有效办法是图书馆服务体系建设，明确了图书馆服务供给应注重效益，充分体现了我国的文化自觉和文化自信。

总之，图书馆管理思想是图书馆理论的概念和命题的一个重要来源，它既需要传承，更需要发展。特别是随着现代治理理论的兴起，政府对图书馆的管理思路和功能定位发生了很大变化，图书馆自身在新技术新时代条件下，业务重点、管理思想、服务内容等也在不断调整，图书馆管理思想也将随着时代的发展而革新。前辈学人建立的图书馆“元理论”内容丰富，值得我们去挖掘其在当下的价值。但我们更需要基于前辈学人的成果和当下图书馆界面临的各种问题，认真研究政府关于图书馆和公共文化服务方面的新法规、新政策，探索适合新时代图书馆发展的管理之路。

三、我国高校图书馆的管理思想

我国的高校图书馆起源于古代的书院图书馆，为宫廷藏书、修书的地方。宋元时期建立的书院图书馆主要为书院的教学研究服务。最早使用图书馆这一名称的是北京通艺学堂，它于1897年年初设立图书馆并制定了章程，1902年建立了京师大学堂藏书楼（北京大学图书馆的前身），后北方交通大学图书馆、清华学堂图书馆和南京金陵大学图书馆等多所大学图书馆相继建立。在大学图书馆的管理中，始终贯穿着大学图书馆的目的是为大学的教学和研究服务的思想。因此高校图书馆的管理与高校本身的发展密切相关。中国共产党的创始人之一李大钊曾任北京大学图书馆主任，早在1919年他就提出“图书馆和教育有密切的联系……想达到这种完美教育的方针，非依赖图书馆不可”，李大钊认为学校图书馆与教学法有密切联系，随着教学法的改变，图书馆的工作相应发生变化，要收藏许多参考书，增加复本，鼓励学生的研究兴趣，应开架借阅，并以分类目录作为开架目录。他重视干部的培养，呼吁设立图书馆学专修科，使管理图书的人都有图书馆学专业知识。1917—1927年的新图书馆运动，对于近代高校图书馆的发展起到重要的促进作用，高校图书馆的管理思想逐步从封闭走向开放。

新中国成立后，我国的高校图书馆大体经历了两个时期：第一时期（1950—1979年），主要是学习苏联的管理模式，为高度集中的管理体制。尽管政府对整个图书馆事业做出了一定的规划，并制定了一系列相关的政策；但图书馆管理缺乏科学管理理论和方法指导，经验管理代替科学管理，图书馆的管理主要是建立在人治的基础上，服从命令听指挥是对馆员的基本要求。第二时期（1979年—），随着各项工作步入正轨，图书馆的价值、地位、作用得以重新认识，政府开始重视图书馆事业。1987年《普通高校图书馆规程》颁布，过去分散、各自为政的图书馆开始有了合作。各高校图书馆进行了广泛的制度建设，并在定量管理、目标管理等方面进行了卓有成效的探索，出现了“目标论”“计划论”“人员论”“激励论”“系统论”“改革论”等多种理论观点。进入20世纪90年代以来，随着科学技术的发展，以电子计算机等技术为核心的包括缩微、声像、信息、数字、网络、光盘、多媒体等技术在内的用以搜集、加工、存储和传递知识信息的先进技术手段在图书馆得到广泛应用，图书馆的管理已经走上科学管理的轨道，从管理的机制、制度到组织机构、人员管理、信息资源管理等诸多方面都进行了不断地创新。走内涵发展的道路，积极应对知识经济、网络化社会的挑战，使图书馆在现有基础上做出更大的贡献，成了20世纪90年代以来图书馆追求的重要目标。

2015年，新修订的《普通高校图书馆规程》（以下简称《规程》）在高校图书馆的定位、职能上有了改变。新《规程》中规定“高等学校图书馆是学校的文献信息中心，是为教学和科学研究服务的学术性机构，是学校信息化和社会信息化的重要基地”。“高等学校图书馆必须贯彻国家的教育方针，履行教育职能和信息服务职能，为培养德、智、体、美等方面全面发展的人才，发展教育科学文化事业，建设社会主义物质文明和精神文明服务”。新《规程》首次增加了有关图书馆网络资源建设的内容。第一次把“网络虚拟资源”建设在规程中加以明确，并作为高校图书馆的主要任务之一，对图书馆网络资源建设和网络信息服务等问题提出了许多新要求。新《规程》提出，今后各图书馆“应根据学校的网络条件，积极开展网上预约、催还和续借服务，网上馆际互借和文献传递服务，最新信息定期通告服务，网上协同信息咨询等网络服务”。这将有利于推动高校图书馆的数字化建设步伐。新规程的另一个重要方面是在读者服务方面对图书馆提出了更高的要求，体现了以人为本。高等学校图书馆应以读者第一、服务育人为宗旨，健全服务体系，做好服务工作。做好流通阅览、资源传送和参考咨询工作，积极开发文献信息、资源，开展文献信息服务。高等学校图书馆应尽可能延长服务时间，其中书刊阅览服务时间每周应达到70小时以上；假期应保证一定的开放时间；网上资源的服务应做到每天24小时开放。新《规程》在人员的要求上很具体，“高等学校应加强图书馆的专业队伍建设，按照合理的结构比例，有计划地聘任多种学科的专业人员。高等学校图书馆的专业人员应具有大专以上学历，其中本科以上学历者应逐步达到60%以上。”新规程对于新时期高校图书馆的工作起到了一定的规范作用；当然，新的规程也不是尽善尽美，还存在许多问题，需要不断加以完善，图书馆的管理思想也需要在实践中不断丰富和发展。

近几年的研究表明，高校图书馆的改革开放已成为主流思想。高校图书馆的改革研究主要包括运作理念的变革、内外部机制重组、制度创新、组织与管理方式的调整、人事管理制度的变革、馆员角色和工作方式的转变、馆员继续教育途径的拓宽、馆际合作等。近来，高校图书馆创新问题成为研究的热点。

在图书馆管理上，集成管理受到关注，有学者认为信息技术的发展导致了图书馆管理的系统化和管理方式的集成化。图书馆集成管理具有整体优化、协同并进、模糊控制、系统重组、虚拟组合、管理手段强调兼容适应的特点。也有人提出全面质量管理理念。另外，图书馆管理中的契约制度、激励机制研究、图书馆战略研究、ERP管理思想的应用、服务中关键时刻管理研究、服务战略研究等新的观点也纷纷出现。

在文献资源建设上，已从文献资源建设转到信息资源建设，有关网络信息资源的建设备受关注，对“存取与拥有的”研究不断升温。在图书馆分类编目研究中，有人提出网络分类、自动分类的设想。网络资源的激增给图书馆编目工作提出了新的课题，网络资源的组织、整理工作提上了议事日程，有人对网络资源的检索方式、保持书目记录与网络资源的一致性等方面进行了探讨。近几年对数字图书馆的研究不断深化，从发展战略、建设框架、模型等的研究到具体技术问题的探讨，已经进入实质性的研究、应用阶段。在图书馆的服务上，黄俊贵基于图书馆长期存在的重技术轻服务的理念,从服务是图书馆的宗旨、服务要正视竞争、服务要提倡奉献、服务要重视成果、服务需要智慧、服务要求充分、服务须靠群体等几个方面提出了新的服务理念。在评价标准上,谭祥金和高民都认为对图书馆的评价可以从不同的角度进行,但也支持在现阶段应以读者满意与否作为最主要的标准,并提出了各自的评价标准和模型;在网络与服务的结合上,更多的是探讨在网络环境下传统服务方式的新发展以及提出智能重组等新的服务模式。

另外,也是比较显著的一点是高校图书馆的协作观念不断加强,中国高等教育文献资源保障体系(CALIS)的建设取得极大进展:同时,一些地方区域性馆际合作已经初见成效。如北京、上海、天津等地的高校联合建设的网络图书馆、数字图书馆已经实现馆际间的合作编目、数据共用、馆际互借等馆际间的协作。

四、高校图书馆的性质与任务

(一)高校图书馆的性质

美国学者把图书馆形象地称为“大学的心脏”。图书馆的功能是向教学、科学研究输送新鲜血液,为培养人才和出科研成果供给营养。不论是在国外还是在国内那些有名的大学,图书馆大都建立在校园中心地带,这不仅仅是一个简单的距离问题(当然这也是个原因),更重要的是标志着图书馆在大学的地位和作用。图书馆是现代教育的三大支柱之一,被有识之士称为“大学皇冠上的明珠”“学习中心”“脑力劳动的实验室”,是培养具有创新意识和创新能力的高素质人才的重要阵地。

我国明确规定了高校图书馆的性质、地位和作用。2015年12月印发了《普通高等学校图书馆规程》,第一章总则的第二条指出:“高等学校图书馆是学校的文献信息资源中心,是为人才培养和科学研究服务的学术性机构,是学校信息化建设的重要组成部分,是校园文化和社会文化建设的重要基地。图书馆的建设和发展应与学校的建设和发展相适应,其水平是学校总体水平的重要标志。”

高等学校图书馆工作是学校教学和科学研究工作的重要组成部分。

高等学校图书馆的建设和发展应与学校的建设和发展相适应,其水平是学校总体水平的重要标志。这就明确了高校图书馆的性质是为教学和科学研究服务的学术性机构,它在学校的地位是学校的文献信息中心,图书馆的水平是学校总体水平的重要标志。

1.服务性

高校图书馆的藏书侧重于本校所设学科、专业的系统知识,它收藏书刊的目的在于为教师、在校学生、科研工作者和职工的工作学习提供信息资料。它与商店、餐馆等人们物质生活需要的服务部门的服务性有着根本的区别。高校图书馆是科学文化意识形态领域里的服务部门,其服务性从文献资料的传递过程中体现出来,服务成果主要表现为社会效益。高校图书馆的服务性要求图书馆工作人员应该具有从事这项服务工作所需要的比较广博的科学文化知识和图书馆业务知识、对本馆馆藏体系熟悉,并了解学校所设学科、专业特点和教师、在校学生的阅读规律。

2.学术性

高校图书馆的学术性表现在图书馆工作是教学和科研的前期劳动以及图书馆工作本身具有学术性两方面:

(1)图书馆工作是教学和科研的前期劳动,是保证教学质量和构成科研能力的主要因素。在大学校园里,教学工作和科研工作是一种社会劳动,具有明显的连续性和继承性。任何一个教师和科研工作者在从事教学和科研工作前,总是要对所教课程和所选择课题进行收集资料、调查研究、了解历史的和目前的研究水平及今后的发展趋势,以保证教学质量和科研工作在前人已取得成绩的基础上进行。高校图书馆及情报部门系统完整地保存了记载有人类知识和智慧的文献,是这种文献调研活动的主要承担者。

(2)高校图书馆工作本身具有学术性。图书馆的各项工作,如图书的采购、分类、编目、组织保管、流通阅览、参考咨询等,都具有一定的学术性。特别是现代信息技术的迅猛发展,对图书馆的工作有广泛而深刻影响,应用现代技术去改造传统的图书馆工作是图书馆工作的新内容。

3.教育性

图书馆也是一个教育性机构，以图书文献为手段，以提高读者文化知识及情报意识教育为目的。曾任北京大学图书馆馆长的革命先驱李大钊同志说过："图书馆和教育有密切的关系，想使教育发展，一定要使全国人民不论何时何地都有研究学问的机会，换句话说，就是使全国变成一个图书馆或研究室，但是达到这种完美教育的方针不依赖图书馆不可。"这充分说明图书馆的教育性。高校图书馆的教育性主要包括两个方面：一是对读者进行政治思想教育；二是对读者进行科学文化教育。高校图书馆是政治思想教育的阵地，它利用收藏的文献资料向读者进行宣传马克思列宁主义、毛泽东思想、邓小平理论、"三个代表"重要思想、科学发展观、习近平新时代中国特色社会主义思想，宣传党的路线、方针、政策，宣传有益于社会和国家经济建设的思想，培养读者高尚的道德情操，帮助读者树立爱祖国、爱人民和全心全意为人民服务的思想。

图书馆蕴藏着丰富的科学文化知识。而图书馆的知识是为了读者学习利用的，因此图书馆还起着传播科学文化知识和进行科学文化教育的作用。图书馆利用丰富的馆藏、向读者提供文献资料、丰富读者的知识并提高他们的文化水平。图书馆是培养学生自学能力的场所。图书馆的文献资料和各种工具书为大学生自修提供了良好的条件，大学生可以针对自己在学习中遇到的问题，进行学习、探讨和研究。高校图书馆的教育性，是一种综合性素质教育。它是教学活动的重要补充。即使在高度发达的网络时代，图书馆的这种教育功能也不会消失。

（二）高校图书馆的任务

高校图书馆作为学校的一个组成部分，必须服从于学校的基本任务。大学的基本任务是根据国家的教育方针，努力培养有理想、有道德、有文化、有纪律的社会主义建设人才。高校图书馆应在学校党委和校长的领导下贯彻党和国家有关高等教育的方针、政策和法令，宣传马克思主义、毛泽东思想、邓小平理论、"三个代表"重要思想、科学发展观、习近平新时代中国特色社会主义思想，以及科学文化的优秀成果，履行教育职能和情报职能，发展教育科学文化事业，为建设社会主义物质文明和社会主义精神文明做出贡献。高校图书馆的主要任务有：

1.根据学校的专业设置和教学层次，采集各种类型的书刊资料、电子文献，进行科学的分类、编目和管理，为学校的教学和科研提供文献情报保障。

2.配合学校的政治思想工作，做好服务育人工作，使图书馆成为学生的第二课堂。

3.围绕教学、科研，采取各种流通方式及自动化手段为师生员工提供各类参考书刊、资料及电子文献。

4.为研究生教学和科研开展参考咨询和情报服务。

5.开展用户教育，培养师生的情报意识和利用文献的能力。

6.进行图书馆学、目录学和情报学理论、技术方法及现代化手段应用的研究和推广工作。

7.统筹、协调全校的文献情报工作。

8.参加图书情报事业的整体化建设，开展多方面的协作，逐渐实现互联网上资源共享。

五、高校图书馆的职能

高校图书馆的职能是指在教学和科研中所承担的功能和所起的作用，共有两种类型的职能：一是基本职能，亦称自然职能。二是一般职能，亦称社会职能，是一定历史时期社会赋予图书馆的历史使命。

（一）高校图书馆的基本职能

高校图书馆的基本职能是收集、整理和提供教学科研使用的文献资料，即对知识信息的物质载体进行收集、选择、积累；加工、整理、存储、控制、转化；传递和提供使用。这三项基本职能是由图书馆的本质属性决定的。收集—整理—提供使用是一个不断循环往复的动态过程，是图书馆生存和发展的基础。任何图书馆都必须具备这项基本职能才能独立存在和发展。

（二）高校图书馆的社会职能

国际图书馆协会联合会（IFLA）将现代图书馆的职能概括为四个方

面，即保存人类文化遗产、开展社会教育、传递科学情报、开发智力资源。高校图书馆的社会职能和其他图书馆一样，随着社会的发展而不断变化，它以基本职能为基础，是基本职能在一定社会的表现形式。

六、高校图书馆管理现状

（一）当前高校图书馆管理的现状

高校的图书馆、资料室一直是高校师生获得文献信息的基本来源。高校图书馆无论是从文献拥有量、收藏质量还是从文献载体类型的多样性等方面看，在国内的图书馆中都堪称一流，它也是国家信息资源的主要组成部分。

随着信息化步伐的加快，高校图书馆的工作理念与工作方式也逐步转变。首先，图书馆工作思想正在发生转换，从"重藏轻用"逐步转向"藏用并举"，从"小而全""大而全"的封闭性管理逐步转向信息化、网络化的开放式管理。其次，图书馆馆藏资源由现实馆藏向现实馆藏与虚拟馆藏并存转移。现实馆藏是本馆馆藏，包括本馆馆藏中未被数字化的以纸为媒介的文献信息以及馆藏中的已数字化的文献信息等。虚拟馆藏则是本馆以外的馆藏。由于虚拟馆藏的巨大信息量，绝大多数高校图书馆都予以充分利用。再次，图书馆的工作对象已由单一媒体转变为多种媒体、传统的以纸质为媒体的图书馆工作逐步转换为多媒体、超媒体工作。从磁盘、光盘到互联网络，从只读、可写到交互多媒体，集存储丰富而系统、查验便捷且准确于一身的电子文献被图书馆普遍采用。最后，图书馆信息服务的深度正在变化。传统高校图书馆的一个重要职能就是对文献进行整理，提供有序化信息服务。网络环境下，人们不再满足于这类初级信息提供方式，需要更深层次的信息服务。这种服务是根据用户的问题和问题环境确定用户需求，通过信息分析和重组形成符合用户需求的知识，或者帮助用户找到解决的方案。"以用户为中心"的思想已经得到大多数图书馆的认同。

（二）高校图书馆存在的问题

从文献信息资源方面来看，存在着诸多问题。一是随着现代技术的发展,文献信息的载体呈现多样性,在给人们带来便利的同时,各种光、电、磁等介质的文献信息媒体也给馆员带来了选择、标引上的困难,影响了读者的充分利用。二是购书经费投入不足,新书补充缓慢,许多高校扩招后没有按比例呈指数地增加图书经费,平均图书占有率下降。同时,我国加入世界贸易组织后,由于严格执行知识产权的保护法规,订购外刊资料的成本大大增加,加剧了图书馆文献经费的紧张态势。三是图书资料陈旧过时。许多高校图书馆收藏有大量过时、陈旧的或复本极大的图书资料,另外,由于一些新兴学科、技术学科(如计算机学科)的发展日新月异,知识衰老周期大大缩短,相应的图书资料很快失去参考价值。四是高校在合校、扩大招生后,高校的学科门类迅速增加,原来薄弱院校的文献资源建设很难在短期跟上。五是许多院校因合校形成了多校区格局,造成文献资源分散,不便共用共享。六是网络瓶颈,网上有用的科技信息大多须付费使用,影响了用户利用信息的积极性。相当部分的地方与自建校,因办学条件所限,信息网络不甚畅通,不能很好地利用大量的网上资源。另外,很多院校图书馆馆藏没有形成特色,不利于优势学科专业的培育和发展。以上诸种情况,在不同院校不同程度地存在着,显然与学校的发展壮大不相适应。

从管理体制和服务模式来看,存在着机构设置不合理、运作方式不够灵活等弊端。按传统图书馆的工作性质和内容,高校图书馆的业务机构设置,一般以采访、编目、流通、阅览和咨询等工作内容而设定的;而业务机构的设置,必然规定和制约着图书馆的运作方式。现在来看,这种业务机构的设置已经不能适应网络化和数字化建设的需要。印刷性载体文献的工作流程,显然已不适用于现代数字化信息资源的处理和利用。合校后形成的多校区格局,造成了图书馆藏书和人员的分散化,带来了管理、服务上的不便;一些地方基层院校的图书馆还没有实行计算机集成管理,仍然沿用手工操作服务,服务水平低下。

从人员情况来看,专业队伍素质有待提高。21世纪的高校图书馆应该是馆藏多媒体化、管理手段计算机化、服务信息化和信息资源共享网络化的新型图书馆。新型图书馆的建设,要求拥有一支高素质的专业队伍。长期以来,高校图书馆馆员的知识结构较为单一,人员素质有待提高。近年来,经过几年的努力,已经有了一些改进,许多图书馆除了图书情报专业人员外,还配备了外语、计算机及其他专业学科的人员。尽管各馆馆员队伍的整体素质不断提高,但仍然远远未能跟上时代发展的步伐。随着社会的发展,传统的图书馆工作内容、服务方式都发生了变化,周围的社会环境也发生了很大变化,读者的需求深度不断增加,因此需要具有较强信息意识、信息技能和多学科知识的复合型知识结构人才。目前,高校图书馆较为欠缺这方面的人才。

从图书馆的服务来看,受传统的"重藏轻用"思想的影响,"一切为读者""以读者为中心"的思想还没有真正落实到行动上,坐等读者上门,被动服务的现象还屡见不鲜。随着高等教育的发展,读者水平的提高,读者的需求也在不断变化。随着大量新技术、新设备的应用,图书馆服务的手段更加丰富,因此要求馆员要不断学习,掌握较强的现代服务技术,掌握读者不断变化的信息、需求,不断转变服务观念,为读者提供更优质的服务。目前高校图书馆同样缺乏能为读者开展深层次专业服务的人才。

第二节　高校图书馆管理创新的必要性及其实质与特征

社会的发展要求高校图书馆进行创新。21世纪是知识经济的世纪,信息知识在促进经济和社会发展方面将发挥越来越重要的作用。科学技术正突飞猛进,迅速改变着这个世界。以知识和信息为基础,竞争与合作并存的全球化市场经济正在形成,人类的未来和国家的繁荣比以往任何时候都更加依赖于创造和应用知识的能力和效率。而图书馆是聚集知识和信息的宝库,如何使其所容纳的各种各样的知识与信息转化为现实的生产力,是摆在图书馆面前的一个重要课题。高校图书馆作为社会信息资源的重要组成部分,要重视研究并解决这个问题。图书馆的发展历史表明,只有不断创新,不断变革,才能跟上社会发展的步伐,才能为社会的发展贡献力量。

一、高等学校发展的形势要求

20世纪末以来，我国高等教育的发展进入了前所未有的新时期。高等院校在办学体制、办学规模、办学水平和办学效益上都发生了巨大而深刻的变化。从当前情况来看，一方面高等教育的改革进一步向纵深发展，另一方面高等教育的发展面临新的形势、机遇和挑战并存、风险和希望同在。[①]

（一）高校的合并

我国在20世纪50年代和90年代实行了两次大规模的院校大调整。第一次是在学习苏联的高等教育模式的背景下，将为数不多的高等院校实行“裂变”，调整结果虽然在一定程度上达到了预期的目的，但实际上却形成高等教育管理体制上的“条块”分割。第二次院校调整是以“共建、合作、合并、划转、协作”为主要精神，以合并、划转为实质内容，将有关高等院校实行“聚合”。全国300多所普通高校合并调整为200多所，中央部门所属的300多所高校交由省、市地方政府管理或共建。通过调整、合并、重组的院校，在规模上得到了空前的扩大，办学资源得以优化配置，办学实力明显增强，大学的综合性特色日益显现。

（二）高校的扩招

1992年以来，我国普通高等学校发展很快，基本上与国民经济的增长速度同步，甚至在其中少数年份超过了国民经济的增长速度，达到20%以上。1999年上半年，国家做出了进一步扩大高校招生规模的决定，当年全国普通高校实际招生规模达到182万人，比原计划扩招40%；2000年招生220.6万人，比1999年扩招21.2%；2001招生250万人，比2000年扩招13.3%；2002年招生320万人，比2001年又扩招28%；至2021年，达到4430万人，高等教育毛入学率57.8%。高校扩招加快了我国高等教育事业的发展，为更多的人提供了接受高等教育的机会，对于拉动经济的增长，促进社会的稳定，提高国民素质和社会文明程度都起到了十分积极的作用。但是，大规模的“扩招”所带来的负面影响也日渐显露出来，最大和最突出的问题就是办学条件已达到全面饱和的地步，教学

①李丹丹．青少年读书会 文化趣味活动 收藏趣味活动[M]．长春：吉林摄影出版社，2017.

条件的改善和培养模式的改革还未能完全适应“扩招”的要求。作为高等院校办学重要条件之一的图书馆也出现人满为患的局面。

（三）高校的“强校”

这里的“强校”概念是把高校“做大做强”。“合校”和“扩招”的直接结果是把学校“做大”。习近平总书记强调，百年大计，教育为本。九五期间发起的“211”工程的目的，就是要把100所中国大学建设成为高水平的研究机构。十五期间，在清华、北大建设国际一流大学，加上建设若干所国内外知名高水平大学，被简称为“985”工程。除此之外，“211”二期工程也将启动，将再支持近百所高校。这必将极大地推动21世纪我国高等教育的发展。在此轰轰烈烈的“合校”“扩招”“强校”的形势下，为了在激烈的竞争中占有一席之地和拓宽自身的发展空间，众多的高等院校都把“做大做强”作为自己的目标，而在《普通高校图书馆规程》中要求，高等学校图书馆的工作是学校教学和科学研究工作的重要组成部分，高等学校图书馆的建设和发展应与学校的建设和发展相适应，其水平是学校总体水平的重要标志。在此背景下，作为高等院校办学“三大支柱”之一的图书馆则必须随之进行变革创新，以适应学校教育教学改革的要求，促进高校的发展。

二、高等学校图书馆自身的发展要求进行创新

高等学校图书馆是学校的文献信息中心，是为教学和科学研究服务的学术性机构，是学校信息化和社会信息化的重要基地。以计算机技术、通信技术和网络技术为核心的信息技术的发展导致了图书馆的形态、经营理念、工作内容、服务手段都发生了前所未有的变化。在数字化、信息化、网络化程度日益提高的今天，图书馆的要素、法则、基本矛盾、属性、社会职能等都发生了变化。在这场变革中，图书馆是因循守旧、等待、观望，还是不断探索、创新？这个问题将决定学校图书馆的生存发展。长期以来，高校图书馆管理一直延续着“小而全”、分散的文献体制模式。这种体制模式在一定程度上对于高校教学、科研产业开发起到了积极作用。然而在信息网络化的浪潮下，图书馆正在走向数字化和虚拟化，高校图书馆要顺应这种潮流，积极进行变革、创新。要摒弃传统

的图书管理“重藏轻用”思想,实现信息资源共建共享,提高管理人员的素质和服务水平,重视基础建设,加强信息整合,转换服务观念,改革管理体制,促进高校图书馆的队伍建设,提高馆员素质,促进图书馆开展社会服务,实现信息共享。

实践证明,高校图书馆只有不断创新,积极采用现代技术,实行科学管理,不断提高业务工作质量和服务水平,最大限度地满足读者的需要,为学校的教学和科学研究提供切实有效的文献信息保障,才能真正发挥其职能,也才有存在的价值,才能获得更大的发展。

三、高校图书馆管理创新的目的与特征

(一)高校图书馆管理创新的目的

高校图书馆作为高等学校的重要组成部分,同时也是社会的一个组成部分,其本身的生存和发展离不开社会,是随着社会的发展而发展,其本身的结构和功能必须得到社会公众的认同,否则它就失去了存在的价值。因此高校图书馆管理创新不仅应考虑现代信息技术在图书馆管理中的应用,而且更应考虑的是当前由于技术的发展和时代的进步所导致的,读者对图书馆功能需求的变化发展趋势。

现代社会发展的一个重要特征是信息组织网络化和信息服务社会化,信息技术包括信息服务在内的信息活动已成为社会进步的关键因素之一。高校图书馆的管理创新是图书馆的管理者用新思想、新技术、新方法对图书馆的现有资源的重新组合,以促进图书馆的管理系统综合效益不断提高的过程。

因而,高校图书馆管理创新的目的,应该是在充分认识图书馆系统结构的内在联系和网络化环境系统运行规则的基础上,准确把握人对图书馆系统整体进行优化控制原理、原则和方法,以及实现其最佳控制实践的过程,达到图书馆管理科学化、使图书馆的运行机制和功能与社会及本校的发展保持联系,更好地体现现代高校图书馆为高校科研、教学充分服务的功能。使高校图书馆和高校达到相互促进的良性循环关系。

（二）高校图书馆管理创新的特征

1.高校图书馆管理创新要适应信息化的发展需要

在知识经济时代，信息和知识将成为重要的资源和财富。图书馆作为知识和信息获取、加工、传输、储存及使用的集结地，其作用与日益发展的经济越来越不可分割。它伴随着生产、分配、消费等各个环节，并为之提供大量的信息流，从而使知识商品化、信息商品化程度大大提高。因此，在信息化高速发展的今天，传统的印刷型文献载体已开始无法适应时代的发展需要，图书藏书结构的创新，也将伴随着新型多媒体信息的载体并存。现在封闭单一的书库借阅方式将成为过去，取而代之的则为借阅合一的服务管理格局。图书馆的管理创新应该注重通过互联网和馆际互借，建设“虚拟馆藏”，馆际信息交换与合作更加频繁，资源共享已不再是停留在馆际间的一种构想。图书馆将以信息存储量大、传递迅速、检索简便等优势为用户提供源源不断的信息，给知识经济时代，信息化的管理发展营造最佳扩充环境。

2.高校图书馆管理创新应适应网络化的管理发展要求

随着互联网的崛起，电脑的广泛普及，人类跨入信息时代的条件日趋成熟。我们知道，传统的大规模生产和推销将被灵活高效的信息服务取代，要求传递知识信息手段的现代化，建立高效能的社会信息网势在必行。目前我国的信息高速公路已形成，各种信息已经网络化，此时图书馆如果不主动将自己纳入社会信息网中，就会被时代所淘汰，这是目前图书馆所面临的最大的威胁。

所以，高校图书馆管理创新要朝着挖掘现有文献信息资源的潜力，通过加快网上数据，来满足用户需要，通过促进网络建设而真正提高高校图书馆在知识经济时代的管理水平。

3.高校图书馆管理创新应适应高校对知识创新的发展需求

知识经济是建立在知识的创新、存取、学习和使用之上的经济。2020年11月，习近平总书记主持中共中央政治局第二十五次集体学习并发表讲话时强调“创新是引领发展的第一动力，保护知识产权就是保护创新”。因而，在知识经济时代，高校图书馆在高校和社会中的作用显得尤为明显,知识经济的发展趋势,对图书馆的地位、作用、形象、知识信息和经济价值开发产生深远的影响。为此,高校图书馆也将随之成为知识创新的一支重要力量,成为高校的一个重要的中介,为高校的知识创新提供必需的重要的信息,同时沟通和促进教育界、产业界对国内外技术资源和人才培养管理的高校利用。

4.高校图书馆的管理创新具有的特征

高校图书馆管理创新意味着图书馆面对复杂多变的环境和日新月异的知识经济竞争,对自身所控制的各种资源不断进行设计、发展、整合和利用,并在此基础上,进行新的探索,建立新的理论、制度和方法。

(1)多层面性

表现在高校图书馆的资源层面、工作层而、空间层面等。资源层面主要包括文献、馆舍、设备、资金、人力资源和知识资本等,因而管理创新又可分为物质资本创新、财务管理创新、人力资源管理创新等。工作层面表现在决策层、执行层、操作层等的统一,由于管理是决策层、执行层和操作层等不同层面管理的有机体系,因而图书馆管理创新也是决策层创新、执行层创新和操作层创新的结合与统一,缺一不可。空间层面,即从图书馆的物理分布来说,从中央到地方、从重点院校图书馆到地方院校图书馆,都应包括在内。

从对图书馆管理创新的划分,还可以按管理的职能、管理的过程以及其他标准进行划分,从而形成不同的层面和不同角度的管理创新思维,创新的多层面性有助于图书馆管理创新的理论和实践探索。

(2)全方位

这是在多层面上产生出来的,它涉及思想观念、发展战略、体制、机制、组织机构、运作流程、方式方法、文化气氛等。思想观念的创新是图书馆创新的基础。

(3)全员参与

即图书馆管理创新不仅要求图书馆管理层到每一位工作人员的积极参与,而且还要求读者、用户也积极参加进来,群策群力,共同关心,才能取得成功。

(4)持续性

管理特性对图书馆管理创新行为的影响不容忽视，首先，管理的二重性决定了图书馆管理创新行为具有复杂性，即图书馆管理创新行为必然兼具技术创新、制度创新两大行为的特点，它们是有机的结合，更具复杂性。其次，管理的动态性和创造性决定了图书馆管理创新行为具有持续性。图书馆管理活动本身是一个需要不断持续和创新的动态过程，卓越的管理必须实现维持与创新的最优组合。图书馆管理创新的动态性主要表现在管理机制、管理制度、管理机构、人员结构、服务内容、服务方式的动态性等方面。

(5)不可重复性

实施管理就是对员工的意志、行为进行规范、协调、诱导，使其行为符合某一预期目标，这决定了管理归根到底是对人的管理。图书馆的管理最终也是对人的管理，而人是生产力中最活跃的因素，每个人、每个组织在不同的空间和时间都具有不同的特征。因而，需要管理者以一定的智慧不断调整、创新管理方法，与时俱进。由于图书馆管理创新不可能像科学技术创新一样，借助一定的实验条件可重复进行，这就使得管理创新具有了不可重复性的特征。

第二章　高校图书馆管理创新的主要原理

第一节　高校图书馆管理的系统原理

任何社会组织都是由人、财、物和信息组成的系统,任何管理都是对系统的管理,没有系统,也就没有管理。系统原理不仅为认识高校图书馆管理的本质提供了新的视角,而且它所提供的观点和方法广泛渗透到人本原理、能级原理、动力原理和效益原理之中,在高校图书馆管理原理的有机体系中起着统率作用。

一、系统原理所蕴含的几对基本概念

(一)系统与要素

系统论的创立者贝塔朗菲把系统界定为"处于一定的相互关系中并与环境发生联系的各组成部分(要素)的总体(集合)"。①

钱学森认为:"系统是由相互作用和相互依赖的若干组成部分结合成的具有特定功能的有机整体。"从系统的定义可以看出,一个具体的系统必须具备三个条件:一是系统必须由两个以上的要素(元素、部分或环节)所组成;二是要素与要素、要素与整体、整体与环境之间存在着相互作用和相互联系;三是系统整体具有确定的功能。这三个条件缺一不可,否则就不能构成一个具体的系统。

要素始终是和系统不可分割地对应着的。要素是构成系统的必要因素,即组成系统的各个部分或成分,是系统最基本的单位,因而也是系统存在的基础和实际载体。要素在系统中的情况一般可分为三种:一是不同数量和不同性质的要素可构成不同的系统;二是相同数量和相同性

①陈进. 大学图书馆服务体系建设[M]. 上海:上海交通大学出版社,2012.

质的要素仅由于结构方式的不同,也可构成不同的系统;三是相同性质的要素仅由于数量的不同,也可构成不同的系统。

系统和要素是对立统一的关系。首先,系统通过整体作用支配和控制要素;其次,要素通过相互作用决定系统的特性和功能;最后,系统和要素在一定条件下相互转化。

(二)结构与功能

所谓结构,是指系统内部各组成要素之间的相互联系、相互作用的方式或秩序,也就是各要素之间在时间或空间上排列和组合的具体形式。贝塔朗菲把结构称为系统的“部分的秩序”。

所谓功能,是指系统与外部环境相互联系和作用过程的秩序和能力。系统功能体现了一个系统与外部环境之间物质、能量和信息之间的输入与输出的变换关系。

结构与功能之间的关系主要表现为如下几种情况:首先,由不同要素组成的不同结构的系统具有不同的功能;其次,由相同要素组成的不同结构的系统也具有不同的功能;再次,组成系统的要素和结构不同,可以具有相同的功能;最后,同一结构的系统可以具有多种功能,总之,由于客观世界的复杂性和无限性,系统的结构和功能的关系是多样的,变化是无穷的,在一定条件下是可以转化的。

(三)环境与行为

所谓环境,是指系统存在的外部条件,也就是系统以外对该系统有影响、有作用的诸因素的集合。在一个大系统中,对于某一特定的子系统来说,其他的子系统可以看成是它的环境。环境实际上是同某一特定的系统相关的其他系统(或事物)的统称。

所谓行为,是指系统对环境的影响和作用的反应,即在系统与环境的相互作用中,环境对系统施加影响和作用以后,系统对环境的反作用。系统行为是由系统环境和系统内部状态两个因素引起的。其中,环境是产生系统行为的诱因或外部条件,系统内部状态是系统行为的根据或决定因素。系统行为归根结底决定于系统的内部状态,而系统的内部状态又取决于系统结构的优化程度。可见,系统行为实际上是系统的外部状态，即系统本质规定的外部表现。因此，在一定环境下，可以通过改变系统的内部状态来调节或改变系统的行为；也可以通过系统行为的研究来考察一个系统的内部状态，即系统要素及其结构方式。

需要注意的是，系统行为和系统功能是两个相近但又不完全相同的概念。系统的功能虽然也是在系统与环境的相互作用中表现出来的，但它只是着重描述系统与环境的相互作用中，系统对外部环境施加影响和作用的能力；系统行为则不然，它着重描述系统与环境的相互作用中，系统自身的外部活动状态以及状态变化过程。因而不能把系统行为和系统功能混为一谈。

二、系统原理的内容

系统原理是有关系统的基本属性、共同特征和一般规律的理论概括，主要体现在系统与要素、要素与要素、结构与功能以及系统与环境、系统与时间等关系上。

（一）系统整体性原理

系统整体性是指系统诸要素相互联系的统一性。整体性是系统最本质的属性，因而“整体”和“系统”这两个概念经常被同义使用。在这个意义上，贝塔朗非指出：“一般系统论是对‘整体性’和‘完整性’的科学探索。”因此，整体性原理是系统原理的一个最基本的组成部分。系统的整体性根源于系统的有机性和系统的组合效应。

系统整体性原理的基本内容有：①要素和系统不可分割；②系统整体的功能不等于各组成部分的功能之和；③系统整体具有不同于各组成部分的新功能。

系统整体性原理对高校图书馆管理工作具有重要的指导意义：

第一，根据高校图书馆管理目标，把管理要素组成为一个有机的系统。高校图书馆管理的目的就在于把高校图书馆中诸要素的功能统一起来，从总体上予以放大。在这个意义上说，高校图书馆管理是一门把高校图书馆中的各种要素或各个部分协调起来，使之达到某种组织目标的学问。

第二,把不断提高要素的功能作为改善高校图书馆系统整体功能的基础。由于组成高校图书馆系统的要素是决定其整体功能状况的最基本的条件,因此改善高校图书馆系统的整体功能一般应从提高其组成要素的基本素质入手。高校图书馆系统作为一个整体,一般由采访、分编、典藏、流通等部门或环节组成。任何一个部门或环节的功能素质不健全或相对削弱,都会在一定程度上影响高校图书馆的整体效应。因此,必须按照高校图书馆整体目标的要求,不断提高各个部门特别是关键部门和薄弱部门的功能素质,并强调局部服从整体、保证整体,以保证高校图书馆系统最佳的整体功能。

第三,保持高校图书馆系统要素的合理组合。系统整体性原理告诉我们整体功能不守恒的实质在于结构是否合理。因此,改善和提高高校图书馆系统的整体功能,不仅要注重发挥每个要素的功能,更重要的是调整要素的组织形式、建立合理的结构,从而使高校图书馆系统整体功能优化。

(二)动态相关性原理

任何系统都处在不断地发展变化之中,系统状态是时间的函数,这就是系统的动态性。系统的动态性取决于系统的相关性。系统的相关性是指系统的要素之间、要素与系统整体之间、系统与环境之间的有机关联性。它们之间相互制约、相互影响、相互作用,存在着不可分割的有机联系,相关就是联系。正是由于系统内部诸要素之间、要素与系统整体之间、系统与环境之间的相互作用和相互联系,才构成了系统发展变化的根据和条件。动态相关性原理的实质是揭示要素、系统和环境三者之间的关系及其对系统状态的影响,动态相关性原理的基本内容有:①系统内部要素和要素之间的相关性;②要素与系统整体的相关比;③系统与环境的相关性。

从上述内容可以看出,动态相关性原理和系统整体性原理是紧密联系的。整体性原理是系统思想的核心,动态相关性原理则是整体性原理的延续和具体化。

动态相关性原理对实际的高校图书馆管理工作具有重要的指导

意义：

第一，任何一个要素在高校图书馆系统中的存在和有效运行都与其他要素相关。高校图书馆系统中某个要素发生变化，就会引起其他相关要素的相应变化。例如：高校图书馆藏书规模的扩大，必然要求增加工作人员和书库空间；高校图书馆新馆舍的建成，必然要求对工作人员、藏书、设备等要素重新进行布局；一位新馆长的上任，必然会引起高校图书馆系统内一系列要素的变化；高校图书馆自动化系统的上马，必定要求对馆员进行培训；高校图书馆经费的缩减，必定会影响设备的更新与维护、工作人员的福利待遇、藏书建设水平等方面。因此，在高校图书馆管理实践中，当我们想要改变某些不合要求的要素时，必须注意考察与之相关要素的影响，使这些相关要素得以相应地变化。高校图书馆系统中各要素发展变化的同步性可以使各要素之间相互匹配，从而增强协同效应以提高高校图书馆系统的整体功能。

第二，高校图书馆系统内部诸要素之间的相关性不是静态的，而是动态的。要素之间的相关作用是随时间变化的，由此决定了系统整体的性质和状态也是不断发展变化的。因此，必须把高校图书馆系统视为动态系统，在动态中认识和把握其整体性，在动态中协调部分与部分、部分与整体的关系。高校图书馆管理的过程，实质就是把握藏书、馆员、读者、经费、设备等要素的运动变化特点，然后有针对性地进行调节和控制，最终实现高校图书馆管理的最佳目标。

第三，高校图书馆系统的整体功能存在于高校图书馆与环境的相关性之中。如果说要素之间的相关性形成系统的结构联系，使系统成为具有一定结构的整体，那么系统与环境的相关性则形成系统的功能联系，使系统具有某种整体功能。系统一定的整体功能，表明系统与环境必须按照一定的规律进行物质、能量和信息的交换，才能保持系统整体的性质，产生一定的整体效应。如果系统与环境的输入和输出关系遭到破坏，系统整体的性质和整体效应就会受到影响以致丧失。因此，一定要在高校图书馆系统和环境的相互联系和相互作用中认识和改善高校图书馆系统。

（三）层次等级性原理

一个系统的组成要素是由低一级要素组成的子系统，而系统本身又是高一级系统的组成要素。这种系统要素的等级划分，就是系统的层次等级性。层次等级性原理的基本内容有：①层次等级结构是物质普遍的存在方式；②处于不同层次等级的系统具有不同的结构，亦具有不同的功能；③不同层次等级的系统之间相互联系、相互制约，处于辩证的统一之中。

系统层次等级性原理对高校图书馆管理工作具有重要的指导意义：

第一，系统层次等级性原理可以指导人们合理设置高校图书馆管理层次。管理组织系统划分层次等级的主要原因在于管理对象的复杂性与管理者个人能力的有限性之间的矛盾。尽管今天的管理者比以往的管理者在能力和手段上有了普遍提高，但今天的管理对象要比以往复杂得多。管理对象的复杂化，使管理组织系统的规模日益增加。对于规模较大的高校图书馆系统来说，合理划分管理层次，建立等级结构，可以削弱系统规模和对象复杂性之间的联系，缓解管理对象复杂性和管理者能力之间的矛盾。这是因为，把一个较大的管理组织系统划分为不同的层次等级，按照层次等级进行分级管理，可以使处在不同层次的管理者所直接联系的人数（包括上级和下级）大体相当，从而使他们的管理能力和管理对象相适应。

第二，系统层次等级性原理可以指导人们科学地分解高校图书馆目标。高校图书馆系统的层次等级是科学分解目标的组织基础。一个高校图书馆系统总是要根据自身的基本任务、上级的指令、当前的状况、发展的需要和各种内外条件来确定系统的总体目标，然后按照高校图书馆系统的层次等级将总目标分解为不同层次、不同部门的分目标。分目标要保证总目标，总目标指导分目标，从而形成前后衔接、上下贯通的目标体系。这样建立起来的目标体系，在组织上能使目标由上而下层层具体、层层落实，由下而上层层负责，层层保证；在内容上既能明确本级系统的基本任务，又能反映分目标和总目标的关系，便于处理局部和整体的矛盾。在明确每一管理层次、每个部门以至每个人的目标责任的基础上，授予相应的权力，进而建立起目标责权体系，使整个高校图书馆管理工作走上系统管理的轨道。

第三，系统层次等级性原理可以指导人们按高校图书馆系统的层次实施层级管理。高校图书馆系统中的每一层级所处的地位不同，因而性质和功能也不同。每一个管理者都有自己相应的管理层次，处于不同层次的管理者各有不同的目标责任和要求。一般来说，同一层次各子系统的横向联系应由他们之间全权处理，只有在出现不协调或发生矛盾时才提交上一层次的系统来解决。上一层次系统的任务有两个：一是根据本系统的目标向下一层次发出指令，并检查监督指令执行的结果；二是解决下一层次中各子系统之间的不协调或相互之间的矛盾。当每一层次的任务明确以后，各层次的分系统均须围绕着本层次的中心任务开展工作并通力协作，上一层次一般不宜干预下一层次的工作，这样就形成了有序的层级管理。

（四）系统有序性原理

系统的有序性是指构成系统的诸要素通过相互作用，在时间和空间上按一定秩序组合和排列，由此而形成一定的结构，决定系统的特定功能。系统的有序性标志着系统的结构实现系统功能的程度。因此，系统有序性原理的实质在于揭示系统的结构和功能的关系。

系统有序性原理的基本内容有：①任何系统都有特定的结构，结构合理，系统的有序度高，功能就好；②系统由低级结构转变为较高级的结构，即趋向有序；③任何系统必须保持开放性，才能使系统产生并且维持有序结构。

系统有序性原理对高校图书馆管理工作的指导意义表现在：

第一，掌握系统有序性原理，有助于深入理解高校图书馆系统对外开放和对内搞活政策。任何高校图书馆系统都应该是一种具有活力的耗散结构系统。耗散结构系统的存在和发展必须具备两个条件：一是对外开放，二是内部要有活力。只有对外保持高校图书馆系统的开放性，才能使高校图书馆系统处于非平衡态或远离平衡态，即造成高校图书馆系统向有序发展的外部条件。对内要有活力，就是要保持高校图书馆系统内部的非平衡态，这是因为，一个高校图书馆系统如果处于无差异的平衡状态，就意味着其内部不存在势能差。根据耗散结构理论，无势能差的平衡系统服从势能最小原则，因而必然是一个低功能系统。高校图书馆管理体制改革之所以要打破“平均主义”，引进竞争机制，目的就是设法增大高校图书馆系统内部的势能差，形成非平衡态。

第二，掌握系统有序性原理，有助于提高高校图书馆管理的有序度。要提高高校图书馆管理的有序度，必须科学地安排高校图书馆系统诸要素的秩序，使之协调匹配，以减少内耗而求得统一的整体功能。为此，主要应使以下三个方面有序：一是目标体系有序；二是目标实施过程有序；三是组织系统有序。

第二节 高校图书馆管理的人本原理

在管理学的整个发展过程中，“人”始终是一个最基本的概念。任何一种管理理论都是依据对人的一定看法而提出来的，各种管理理论的区别大多可以归结为对人的理解不同。例如，X理论是建立在人性“恶”的假设之上的，Y理论是建立在人性“善”的假设之上的，Z理论则试图超越人性“善”还是“恶”的问题。再如，传统的管理理论往往把人当作手段来看待，认为人和机器等工具一样，无非是达到某一目的的手段；而现代管理学则普遍地摒弃这种看法，把人看作是目的，认为人本身是一切管理活动的最终目的。所以，对于现代管理学来说，关于人是手段还是目的的争论已经有了明确的答案。①

所谓人本，顾名思义，就是以人为根本。概括地说，高校图书馆管理的人本原理是指在高校图书馆管理活动中，坚持一切从人出发，以调动和激发人的积极性和创造性为根本手段，以达到提高管理效率和人的不断发展为目的的原理。该原理具体包含以下几层含义：①人的因素第一

①王聪．我国高校图书馆阅读推广现状研究[J]．江苏科技信息，2017(16)：3-4，15.

的观念。所谓人的因素第一,就是在观察任何事物、处理任何事情、解决任何问题时,都把人的因素看成是首要因素、关键因素、决定性因素,既不是重物不重人,也不是见物不见人。②尊重知识、尊重人才的观念。“以识才的慧眼、爱才的诚意、用才的胆识、容才的雅量、聚才的良方,把党内和党外、国内和国外各方面优秀人才集聚到党和人民的伟大奋斗中来。”党的十八大以来,关于如何识才、爱才、育才、用才,以及人才工作体制机制改革等问题,习近平总书记提出了一系列新思想、新要求。尊重知识和尊重人才是统一的。这是因为,知识是人才的基础,人才又是知识的人格化。但高校图书馆管理中的人才观念是指广义的人才,而不仅仅是指少数典型或代表人物。③以人的不断解放和全面发展为最高追求目标的观念。④“人和第一”的观念,在高校图书馆管理中树立“人和第一”的观念,既包括管理者之间即领导班子的团结合作、管理者与被管理者之间的团结合作、上下同心同德,也包括团体或组织内良好的人际关系、团体或组织外良好的社会关系。

一、人本思想应成为现代高校图书馆管理的灵魂

(一)“以人为本”的管理思想

“以人为本”的管理思想又可以简称为人本思想,主要是指任何管理工作都要以人为中心,把提高人的素质,处理人际关系,满足人的需要,调动人的主动性、积极性、创造性的工作放在首位。人本管理的本质是人的全面解放,它包括人的物质、思想、文化等方面的解放。随着管理科学的深入发展,人们将越来越重视“人”在管理中的重要作用。“人”是管理中的首要因素,在进行管理活动中必须要树立人本观念,把关心人、尊重人、理解人、激励人、解放人放在首要地位。同时人乃是生产力的首要因素,是一切社会财富的创造者,在任何管理中都要把充分调动人的积极性、创造性作为根本手段。

(二)高校图书馆管理中的人本思想

高校图书馆管理中的人本思想主要体现在以人为主体,即一方面是高校图书馆管理人员,要人尽其才,人尽其用,充分调动管理者的个人能

动性;另一方面是高校图书馆的用户(读者),要为他们提供最好的服务及优良的阅读氛围,广泛调动他们利用高校图书馆的积极性。因此,从一定意义上说,现代高校图书馆管理的实质就是“人化管理”。也就是说,高校图书馆建设应该是为了人,人应是高校图书馆理论和实践的中心和主旋律。高校图书馆管理的人本思想对高校图书馆员应以“提高馆员队伍素质,挖掘馆员潜能”为中心。高校图书馆为读者服务的主体是馆员,馆员的潜能、馆员队伍的整体素质、水平,从根本上制约着高校图书馆的管理水平。因此,为了提高服务质量,体现现代高校图书馆的管理水平,加强馆员队伍建设,提高馆员的综合素质势在必行,而且是重中之重;对用户(读者)应做到“用户至上,服务第一”。高校图书馆是社会公益性事业单位,对文献信息的收集、加工、整理、存储等具体工作,都围绕着为用户(读者)服务的宗旨展开,并以用户为核心而逐步进行强化。用户(读者)是高校图书馆得以存在的基础。

二、人本思想在高校图书馆管理中的地位和作用

目前一些高校图书馆的管理仍沿用“以物为本”的传统管理模式,对馆员的管理,是建立在对人的限制和制约的基础上,把人视为“物”来对待,忽视了人的主体地位和价值,忽视了馆员参与管理、自主管理和自我实现的主体需要。在这种管理体制和环境下,高校图书馆人员完全处于被管理的被动状态,长期以来压制了馆员的主观能动性、积极性、进取心和工作热情。这种环境下容易造成馆员缺乏责任心,表现在接待读者没耐心,态度生硬,直接损害了高校图书馆的形象,限制了自身的发展。对读者的管理也是把其视为一种“物”的要素来管理,规定了许多制度、规范、条例等,违反条例就要进行不同程度的惩罚。高校图书馆最醒目的地方多被种种的规章制度的告示所占据,再温馨的环境也笼罩在一种压抑的气氛中,读者时刻提防着是否违规受罚,影响了读者使用文献的情绪和质量。

这些现象与当今提倡的“以人为本”的思想相违背。“以人为本”日益成为社会各级管理事务中普遍认同的原则。人本管理之所以被推崇并广泛应用于成功企业的管理中去,并不是因为它的新颖和时尚,而是因

为它体现了管理的本质,克服了人性的弱点,突出了人的主体性。面对高校图书馆管理的现实和存在的问题,倡导以人为本的原则,实施人本管理显得尤为必要。因为高校图书馆的一切管理行为只有以人为本,才能实现人的价值,体现人的尊严,才能使高校图书馆事业兴旺发达。

(一)人本思想是提高高校图书馆资源利用率的重要条件

随着高校图书馆文献信息的收藏和利用,从单一的纸质文献向计算机及其数字化、网络化等多元复合状态转化,高校图书馆成为高知识、高信息产品的收藏地。由于信息量大、散布广、交叉科学多,读者往往在浩如烟海的信息资源前不知如何下手,这就需要馆员通过科学劳动,为读者鉴别、筛选、确定和提供有价值的信息,给用户必要的“导读”。在现代高校图书馆中,作为主体的馆员在日益发挥其重大的作用。以人为本的管理就是要在高校图书馆活动中以人为中心,通过各种方式与渠道为馆员创造一种环境,使得这种环境有利于人的知识不断学习积累和利用,有利于人的主动性、积极性的激发,有利于馆员的个性潜能和创造性的释放,从而促进高校图书馆信息开发和数据利用率的提高。

(二)人本思想适应高校图书馆现代化管理的思维

信息资源具有时效性、有序性、共享性和储存性的基本特点。随着科学技术的日新月异,尤其是信息技术的飞速发展推动了搜集处理和利用信息资源手段的进步,使信息资源又呈现新特点:全方位性、快速变化性和“信息爆炸”性。如果高校图书馆仍以传统的人工方式和孤立的信息处理方来收集和整理分析信息,那么这些信息的迟滞、不完整和不准确将是不可避免的,这样的信息将会给用户的决策正确性带来严重的不良影响,最后导致用户对高校图书馆的不信任而失去该用户。为此高校图书馆应加强信息共享和网络化的管理方式。但再先进的设备和技术都需要人的操纵,尤其是信息的整理和分析,带有很强的主观能动性,馆员的主动性和创造性素质将从根本上决定着高校图书馆提供信息创造价值的能力。人本思想的管理就是通过各种途径对人的素质和创造能力进行有效的培养,使馆员能适应现代科技的应用和发展,加强对不同文化环境下的信息数据的理解,从而提高高校图书馆的信息提供能力。

（三）人本思想是高校图书馆持续发展的基础

一个高校图书馆要持续发展，就要有较强的竞争力，要比竞争对手有更高的信息采集率和加工率，以更快的服务速度、更好的质量、更完善的信息去赢得读者，赢得市场，不断扩展高校图书馆的生存和发展空间。竞争力的源泉是高校图书馆的创新，创新决定力量是高校图书馆的知识资源，而知识资源的活化部分又是依附于人的。总而言之，馆员将是高校图书馆发展的决定性因素。

1.体现个人价值，调动参与管理积极性

如果把馆藏文献数据和高校图书馆建筑作为硬件设施，那么馆员就是使这些硬件顺利运转、充分应用的软件。软件质量的好坏，影响着硬件设施的发挥和应用。因此说优秀的馆员是高校图书馆的财富。如果每一位馆员都能在其工作岗位上创造性地工作，将其潜力充分发挥出来，高校图书馆的管理与服务将更出色，高校图书馆的信息交流功能和文化中心功能的拓展将不可限量。管理者应充分认识到馆员的重要性，馆员的个人发展是高校图书馆发展的基础这一事实。在工作中让馆员参与制订高校图书馆改革和发展的目标：一则可使管理者了解馆员的意向要求以及期望到达的目标，有利于切实有效的目标制订；二则使馆员有主人翁感，在馆内“自我管理”，这有利于充分开发人本身的潜能和创造性，从而形成强大的动力，推动馆员尽自己的最大力量把工作做好。

2.作为激励措施，充分发挥馆员的创造性

以人为本的管理在新时期的立足点和核心，将是知识、能力的提高和创造力的培养，它要求高校图书馆管理者应始终坚持“以人为本”的观念，建立一个让每一位馆员都有机会施展才能的激励机制，努力营造尊重、和谐、愉快、进取的氛围，激发人们的工作热情及想象力和创造力。一个人只有在全心全意投入时，工作才能做得最好。当馆员的精神状态好的时候，工作主动性、服务态度和服务技巧才能得到理想发挥，此时即便碰到难题也能迎刃而解，反之，馆员的各种潜能就要受到压制，甚至产生不良的连锁反应。管理者应该通过各种正确而有效的激励方式，从馆员的内心深处发掘其积极因素，使馆员自愿地以极其兴奋的状态投入工作。

尽管这种思想已经得到许多管理者的认同,有不少高校图书馆在不同程度地尝试着,但目前在高校图书馆管理上与“人本思想”管理方法存在着很大的差距。

重技术、轻人文是普遍存在的现象。技术化与人文化是高校图书馆事业建设的两大因素。目前我国高校图书馆事业的技术化浪潮汹涌澎湃,而人文化管理处在弱势。为了使我国高校图书馆事业健康发展,必须重建高校图书馆“以人为本”的服务思想,以“读者第一”“读者至上”的人文主义观念为当代高校图书馆洗礼。

再者,我国正处在各种体制的改革、转换、调整、整合过程中,高校图书馆的管理很难建立一个共同的标准,在管理理念上很难达成共识。现在的高校图书馆行业仍然处在条块分割状态中,各高校图书馆所属性质不同,情况各异,资源无法共享,要想突出“人本思想”的管理,实在是很难做到的。各个高校图书馆服务中都设置了许多壁垒,其服务都局限于一定范围的“人”。管理标准不一样,对馆员作用的认识、要求及其管理方法都有明显的差异,因此很难在高校图书馆大范围上落实“人本思想”的管理。“人本思想”只能停留在研究、宣传、鼓动的层次上。有的高校图书馆标榜着进行“人本思想”的管理,而实际做得不够,使“人本思想”大大缩水,起了不良的作用,这样的实例也应引起重视。

三、在高校图书馆管理中强化“人本思想”

吴建中博士指出:21世纪现代高校图书馆工作重心将“书本位”向“人本位”转移,业务重心从第二线向第一线转移,服务重心从一般服务向参考服务转移。近代高校图书馆先驱阮冈纳赞曾说:“不管高校图书馆坐落在什么地方,开馆时间和设备怎样,也不管管理高校图书馆的方法怎样,一个高校图书馆成败的关键还是在于高校图书馆工作者。”高校图书馆管理工作就是运用计划、组织、指挥、控制、协调等管理职能,对高校图书馆的人员、设备、馆舍、图书数据、财物进行管理,而以人员的管理始终处于核心的地位,只有通过对人的有效管理,充分发挥人的作用,才能实现高校图书馆的优化管理。

(一)建立完善的激励机制

馆员是高校图书馆一切活动的核心,高校图书馆的发展离不开馆员才能的发挥,而完善的激励机制是馆员努力工作的动力之一。其中激励措施包括精神激励、物质激励两个方面:馆员参与高校图书馆内部管理、认可并落实馆员的各项权利、馆员的教育培训与提高等属于精神激励;分享自己的劳动成果、提高馆员物质待遇和生活质量等属于物质激励。高校图书馆对馆员的工作实行严格的奖惩制度也是一种激励方式。一般来说,馆员只有觉得自己的能力得以发挥、想法得到认可,觉得在这里工作能实现自己的理想才会更加努力地去工作,更积极地向高校图书馆提建议和意见,才会把高校图书馆的兴衰和个人的前途联系在一起。

(二)营造舒畅、和谐的工作环境

实施"以人为本"的管理,营造一个舒畅、和谐的工作环境是向现代化高校图书馆转型的又一个重要因素。在一个集体中,每个成员都有归属感,都希望得到公正评价,成为集体中不可缺少的一员。管理者主动与员工进行积极的交往和沟通,用真挚的感情去关心员工,则有利于在员工之间形成相互关心支持、同心同德的环境,有利于增强高校图书馆的凝聚力,员工也乐于在这种环境中团结一心,艰苦创业。管理者公正地评价员工,予以恰当的肯定,能更好地建立工作人员的归属感。对职工的合理化建议,管理者要热情采纳和鼓励员工,以激发工作人员的积极进取心,从而把个人的需要和兴趣融于工作中去,推动事业的发展。

(三)在管理上使工作具有新鲜感和丰富化

一成不变的工作会使人乏味、僵滞,影响工作效率。工作轮换和工作丰富化是改变这一现状的好办法。由于每个人都有不同的个性,在性格、年纪、能力、经验和表现力上都存在差异,对每个岗位的适应性也不同。馆员,尤其是新馆员应进行多岗位轮换,一则对馆内众多岗位工作有了质的认识理解,二则给自己一个创造显示的机会,还可以发现较适合自己的岗位。管理者在安排馆员岗位时应考虑到岗位的特点,将需求同馆员自身素质相结合,科学分工用其所长,才能使馆员工作顺手。而工作丰富化可以通过赋予多样化的内容使一项工作丰富起来,也可以用其他方法使工作丰富起来,在决定工作方式和使用的具体方法上给馆员更大的自由,由此激发馆员的兴趣以及工作的成就感和责任感,这对馆员积极性的激励与调动是很有好处的。两者能够很好地体现以人为本的管理方式,它可以扩张人的知识和技能,挖掘人的创造潜力,激励馆员承担更大的职责,给馆员提供更多的发展机会和施展才能的空间。

(四)提倡开放、主动的服务精神现代

高校图书馆以开放作为自己的特色。开放意味着打破藏书壁垒、布局壁垒、规章壁垒、时间壁垒、部门和条块壁垒,最大限度地拉近高校图书馆与读者的物理距离,建立大的"读者服务"概念,突破人为划分的不同部门、不同类型文献之间的界限,为读者找书不再是只提供图书,还可以包括期刊、电子出版物、网络信息和相关学科类别的文献等,不只限于一馆馆藏,还可从更大范围内为读者全面提供所需知识信息,帮助读者开阔眼界,提高文献的利用率。开放还意味着热情周到服务氛围的营造,拉近高校图书馆与读者之间的心理距离。它体现在高校图书馆员如沐春风的笑脸上。馆员是高校图书馆形象的代言人,高校图书馆的社会价值能否实现,很大程度上取决于馆员对读者开展的"推销"活动(服务)。高校图书馆也应派出精锐队伍与读者沟通,在机构或岗位设置上,增设读物第一线特别是在一些传统借阅部门人员实力较弱的状况下,选取一些热爱读者、文化素养全面、业务水平较高的馆员,才能充实服务工作第一线,提高"窗口"的服务水平,实现事业的社会价值和良性循环。

(五)加强感情投资,增强亲和力

古人云:"敬人者人恒敬之,爱人者人恒爱之。"管理者的情感投资能够产生巨大的鼓励作用。"人非草木,孰能无情",管理者用真挚的情感去感化和影响每一位工作人员,这对于调动工作积极性有着特殊的作用。待人要诚,接受别人,允许个体差异,在交往中应接受别人,尊重别人。当有冲突产生时,为解决矛盾,应自己先做出让步,这样就能缓解僵持的局面。此外,高校图书馆馆员还应有宽容的心态,增强亲和力。在工作中要互相尊重,彼此扶持,不管是处于顺境还是逆境,都要注意交往态度,相互尊重支持,是和睦共事的基本条件。

总而言之,“人本思想”在管理科学上的应用,为高校图书馆事业的发展创造了一个重要的机遇,给高校图书馆的管理现代化、科学化、人性化奠定了科学的基础。但真正把“人本思想”融汇在高校图书馆工作中是一项艰巨的工作,需要全体高校图书馆人、全社会的重视、扶持。

四、在高校图书馆管理中贯彻人本原理的主要途径

(一)把高校图书馆管理建立在对人的本性的科学认识之基础上

从人本原理来看,高校图书馆管理主要是人(馆长、书记、副馆长、部门主任、小组长等)对人(普通馆员和读者)的管理。因此,建立任何管理制度,制订任何管理措施,都必须对人的本性有一个准确而科学的认识。通俗地讲,就是首先明确所管理的人是什么人,然后再研究管理制度和管理方法,即如何管理的问题。这样就能使所制订的管理制度和措施有较强的针对性,使之建立在科学而实际的基础上,从而从根本上起作用。

(二)在高校图书馆管理中正确运用激励机制

人的需要是人普遍存在的自然本性,任何管理都应运用激励机制,通过满足人的各种合理需要来调动人的积极性,需要决定动机,动机产生行为,这是人的行为产生发展的规律。在高校图书馆管理活动中,通过认识和引导人的需要去实施对人的管理具体包括三个方面的内容:

第一,通过认识人的需要去实现对人的管理。在任何高校图书馆系统中,每个人都有着多种多样的不尽相同的愿望、利益和追求。这些个人的愿望和利益,有些是同高校图书馆利益相一致的,或是兼容的,也有些是不符合甚至背离了高校图书馆的需要的。高校图书馆管理实际上就是通过认识人的需要,并在这种认识的基础上,鼓励、支持和强化个人的那些符合高校图书馆的需要、为高校图书馆所要求的愿望和追求,限制个人那些不符合高校图书馆需要、为高校图书馆条件所不许可的愿望和追求,甚至对满足后一种需要的行为实施必要的惩罚。

第二,通过促进人的需要的满足去实现对人的管理。人的全部行为归根结底都是为了满足自身需要的活动。管理就是要预测作为管理对象的人在一定环境下会怎样行动,要了解是什么东西在引导着他们工

作，什么东西在激励着他们前进，说到底，也就是要知道他们需要的是什么。所以，考虑作为对象的人的各种需要，解决个人需要与集体需要之间的矛盾，是管理者的重要职责。高校图书馆管理者要把读者的需要、馆员的需要和高校图书馆的需要紧密结合起来，保证高校图书馆成员的个人需要不仅在于一时一地得到满足，而且在于能够长期稳定地得到满足，以极大地调动他们完成高校图书馆任务的积极性，并进一步促进他们为满足需要、实现利益而努力。第三，通过唤起和促进人的需要的生成去实现更为积极主动的高校图书馆管理。在某种意义上，能否唤起被管理者的需要，是管理活动有效、成功与否的测量器。任何管理者都希望通过对被管理者施加信息影响，唤起他们对高校图书馆、集体必需的有关活动的兴趣。有效的高校图书馆管理是使被管理者自觉地把高校图书馆的利益变成他个人的利益，把高校图书馆的信念变成他个人的信念，把高校图书馆的事业变成他个人的事业。这时，被管理者对执行高校图书馆活动不是出于强迫，而是出于他个人的内在推动、内在需要。

（三）重视人的精神、价值观和政治思想

在高校图书馆管理中的作用我国古代早有“为将之道，当先治心”的名言。随着社会的不断进步和人们物质文化生活水平的不断提高，人的精神追求、价值观的实现和思想政治因素在管理中发挥的作用越来越大。因此，高校图书馆管理应顺应这一历史潮流，重视文化建设，加强思想政治工作，使高校图书馆系统有明确的追求目标，形成良好的共同价值观和强大的精神凝聚力。精神凝聚力是最根本的凝聚力，任何高校图书馆只要形成了强大的精神凝聚力，就能充分发挥人的“自动自发”功能，就能经得起任何艰难困苦的考验，无往而不胜。

（四）创造能充分发挥人的聪明才智和拔尖人才脱颖而出的机制和环境

一般来说，一个体力、脑力比较健全的人，只要使其能力得到一定程度（不一定是全部）的发挥，就可以创造多于自己正常消费的财富。按照这一推理，任何高校图书馆都不存在人的能力和积极性缺乏的问题，而只可能存在缺乏使人的能力和积极性得到充分发挥的机制和环境。当今高校图书馆中所存在的种种影响人的才能和积极性充分发挥的因素，如领导作风、运转机制、管理制度、精神风貌等，大多是人为原因造成的，因此，要想提高高校图书馆管理水平，增强高校图书馆系统的活力，就必须大胆地清除影响人的才能和积极性充分发挥的各种障碍。习近平总书记在参加解放军代表团审议时强调，要把创新摆在我军建设发展全局的重要位置，提出下大气力抓理论创新、抓科技创新、抓科学管理、抓人才集聚、抓实践创新。”正是这样的思路，使“如何营造人才成长的环境”成为接下来的工作关键。高校图书馆可通过实行民主管理，建立平等竞争机制，制订公开、公平和公正的分配制度与干部培养、选拔、任用和考核制度，以及贯彻目标、责任、权力、绩效和利益五位一体原则等措施，来营造一种人才成长的优良环境。

第三节　高校图书馆管理的能级原理

高校图书馆的改革，究其实质内容来说，也就是要调整与其不相适宜的外部和内部的关系，建立新的运行机制，从而进一步提高管理水平与质量，充分发挥图书馆在传递、开发知识信息方面的能动作用。而实行健全的人事制度管理，抓好人才配备与队伍建设，不断提高人才的素质，则是图书馆管理工作成败与否的关键因素。[①]

其一，图书馆改革的根本目的，是从图书馆活动的内在机制入手，寻求激发图书馆活动的最佳途径与方式，以使其在新的形势下发挥应尽的职能作用。因此，图书馆实行能级管理，对于稳定图书馆的人才是十分有利的。其二，图书馆管理对象是指图书馆系统，该系统主要包括人、藏书、建筑设备、经费、业务技术等诸要素。其三，是由图书馆管理对象的劳动特点所决定的。基于上述思路，笔者认为，图书馆能级管理不能仅限于外部力量，而应多从图书馆工作者本身的内部机制上来激发其积极

①金胜勇，魏佳，张吻秋．图书馆文献信息资源选择理论的发展[J]．图书馆，2016(10):21-24,33.

性、主动性、创造性,而图书馆的能级管理正是从这个目标出发的。

一、能级原理的基本含义

能级原理是利用了物理学中的概念,将管理系统中的各个部门和岗位划出一定的层次,并授与不同的权力和物质利益,使各个层次都充分发挥自身的能力,从而达到管理最佳效益的一种方法。

能是做功的本领。这种物理现象在管理活动中同样存在。人、机构和法规都有个能量问题。能量既有大小,就可以分级,就可以建立一定的管理程序、规范和标准体系。显然,人才不仅以类分别,而且还以能分级,按能级使用人才,也是根据人才的才能,把人才放在相应的岗位上去量才录用,这是人才使用和管理的基本原则。

管理的能级是现代化大生产发展的必然产物,正是它构成了现代管理的"场"和"势",使管理得以有序进行。高校图书馆管理的任务之一,就是要建立一个与其要素的能量相对应的具有不同层次及能量的合理的结构体系,使高校图书馆的各要素及其行为动态地纳入相应的能级中去,形成高校图书馆系统得以良性运行的"场"和"势",进而达到优化高校图书馆系统整体功能的目的。

二、高校图书馆能级的结构优化

高校图书馆的能级结构是高校图书馆能级动态优化的基础和保证。若对高校图书馆的能级结构形态做几何学考察,则一个稳定的高校图书馆能级结构应呈正三角形态。其特点是:上面(战略规划层)最小、中间(战术计划层)稍大、下面(技术操作层)最大。管理组织的正三角形态属于全稳态能级结构系统,是现代高校图书馆管理较理想的能级结构形态。其典型特点是:①决策层令行统一,政出一门;执行层有章可循,有据可依,从而保证管理的路线、方针和政策能长期稳定地持续下去;②能满足管理智力和权力在质上递增、在量上递减的原则;③符合现代管理的"投入—产出"法则,可做到以最小投入实现最大产出;④便于发现各管理能级故障,职责明确,后果了然,有利于克服官僚主义瞎指挥、遇事推诿和"踢皮球"等弊端。

三、高校图书馆能级的动态优化

（一）不同能级的管理岗位必须具有不同的目标和任务

著名的“安东尼”结构曾将管理系统分为三个层次，即战略规划层、战术计划层与技术操作层。其中，战略规划层主要是考虑诸如管理系统的某一项目是否上与何时上等问题；战术计划层主要解决怎么上的问题；技术操作层的主要任务是更好地组织并保证实施操作。

可见，各级管理岗位的目标和任务是不同的，因此，对不同级别的管理人员的要求也就不同。管理者的能力必须同他们各自的管理级别相对应，不可混淆。

（二）不同专业岗位的能级必须动态对应每个人都有不同的能力和特长

管理者的责任就在于正确地认识和区别不同能力与特长的人，并尽可能使相应才能的人处于相应的能级岗位上，真正做到人尽其才，能释其量。但是，单靠主观愿望和死板计划不可能做到这一点。因此，必须保证人们在各个能级中适当地流动，通过各个能级的管理实践去发现、锻炼和检验其才能，实现扬长避短、各得其所。而且，专业岗位能级变化和人的才能变化之间的交叉效应，要求高校图书馆管理必须实行动态的能级对应，只有这样，才能发挥高校图书馆管理的最佳效能和效率，进而获得最佳管理效益。

四、合理的人才结构是办好高校图书馆的关键

高校图书馆对人才的需求是包罗万象的，理想的人才是既通晓背景学科知识，又熟知图书情报知识。图书馆是多层次多结构的系统，各个业务部门的工作性质不尽相同，因而就决定了人才结构的不同，这种多层次结构，就要求我们在人才配备时，慎重地从人才的层次和各业务部门工作性质去思索，注意引用能级管理的科学原理，按图书馆各业务层次的需求，做好人才的组织与调遣。

高校图书馆应充分利用现有的人才资源，按照行为学家马斯洛的观点，自我实现的需求是人的需求的最高层次，也就是说，人都需要发挥自

己的潜力、表现自己的才能,把人的潜力充分发掘出来,才会感到最大的满足。《人才学》中有这样一段论述:人才不仅有能质的差异,还有能级的不同。同一能质的人才,应按能级在其所在人才结构中进行定位。按照人才的价值工程原理,人才能级应与其所在职位具有的能级相互对应,若前者大于后者,应上升到更高的一级层次。同样,若前者小于后者,或令其提高自身能级,或进行必要的岗位调整。

任何一个图书馆既要有党政领导和业务管理人员,还要有图书馆的应用技术人员,特别是图书馆现代化的管理要求,更需要计算机、光学技术,现代通讯方面的人才。上述各种人才,由于各业务部门所肩负的任务不同,就要求有多种不同等级水平的人才构成一个趋于合理的阶梯队伍,这样才能顺应图书馆内部的不同层次的需求。我们只有把图书馆业务层次结构和人才结构有机结合起来,才能建立图书馆合理调节人才的最佳结构。

在进行人才结构合理调节时,应注意以下几方面的问题:第一,管理能级中各层次必须具有稳定的组织形态,现代管理能级不是随意划分的,在结构上应该具备金字塔的形状,这样上面具备尖锐的锋芒,下面有稳定的基础。第二,对于不同能级应授予不同的权力,物质利益和精神荣誉。这不仅是能量的一种外在体现,而且只有能级相对应,才符合封闭的原理。有效的管理,不是在拉平和取消物质利益和精神荣誉在各能级之间的差别,而是对应合理的能级给予适应的均衡;再次,各类能级必须动态地对应,管理的各岗位有不同的能级,人也各有不同的才能。现代科学管理必须使相应才能的人才处于相应的能级岗位,这样的管理才能够稳定,高速运转。除此以外,高校图书馆还必须重视人才的预测,高校图书馆未来发展将需要什么样的人才,通过什么途径和手段达到目标等。计算机在图书馆广泛运用,何时着手培养人才,这些都需要预测来研究和解决问题。因此,高校图书馆在新的历史条件下,要重视人才的培养、教育和利用,狠抓队伍建设,没有合理的人才结构,图书馆就无法深入地开展工作。总之,高校图书馆既要注重硬件体系,也要重视图书馆的内在功能软件水平的提高,后者是办好高校图书馆的关键所在。

五、人才的能级与岗位的能级之间的关系

各种不同的人才也有不同的能级，各种管理岗位也有不同的能级。能级与个人素质（包括学历、能力、经验、态度、人际活化素质技术、技巧等）都有很大关系。从智力结构看，它又包括专业结构、年龄结构、智能结构、知识和领导结构。一个人工作成绩大小、工作效益高低，不仅取决于他的知识技能，同时也取决于他内在心理素质、受历史、教育、环境等因素的影响，仅从这点说，人都具有不同的才能，相应的才能处于相应的能级岗位，才会对图书馆事业有所作为。实践证明，一个人的工作担子小于能力，能力就会萎缩；反之能力就会逐步提高。图书馆岗位的能级划分，标志着图书馆正确运用能级管理原则，将图书馆的业务工作分解为各个具体岗位，规定岗位设置的内容，岗位定编人数，从事该岗位的专业技术职务的要求，规定每个岗位的职责，任务和全年的工作指标或目标要求等，这种科学而细致的工作，有利于图书馆事业发展。

近几年，图书馆界的一些有识之士对智能结构提出一点设想：根据专业人员运用知识的能力，把人的智能分为再现、发现、创造三种类型。图书馆需要一定比例的创造型人才，同时还应以其他两种类型为主，这才符合正三角形的人才能级组织结构。高校图书馆人员整体素质是比较高的，但就目前大多数图书馆业务情况看，还基本处于初级层次上，主要是提供一次文献。随着科学技术的发展，知识不断更新，人们自我发展和终身教育的需求也越来越强烈，因此，这个层次的工作，对大多数图书馆来说，还有待于日臻完善。那么如何配备这一层次人员呢？笔者认为，这一层次的工作是图书馆的基础工作，是满足读者自我发展需求以及提供一次文献加工服务为主要内容，如阅览外借、文献登记、查重、排架、盖馆藏章、贴书标、书袋卡、打印目录卡等。由此可见，这一层次工作都渗透在图书馆的各业务岗位，根据上述工作的性质，在配备人员时，应考虑各专业人才对应到相应的岗位上，让从事这一层次工作的人员了解其工作任务及规范。一般来说，这一层次的人才中，绝大多数是青年人，他们精力充沛，工作努力、积极开拓，是图书馆的希望所在。

高校图书馆能否向深层次发展，抓好图书馆的主导工作是关键。这

个层次的业务工作主要为提供有序化的文献。其主要内容包括:选书、分类、主题标引、著录、目录的编制、导读及咨询、跟踪服务、定题服务、文献检索等,这一层次要求对馆藏文献中的知识、信息、技术方法等进行综合后的服务,在图书馆中始终处于主导地位,在选配这一层次人员时,应注意学识、技能、经验等。这一层次的工作,要求大多数人员具有社会阅历和丰富的图书馆工作实践经验,同时又有驾驭各种工作的能力和娴熟的专业技能。调动和安排好这些人才的工作,是图书馆稳步发展的关键。

创造型人才是图书馆的宝贵财富,他们通常是以知识信息的商品化及对信息组配加工与服务,这个层次工作特点是主动捕捉文献内容中的知识、信息,将单元、文献中的某一类别、某一主题、某一专题的知识、信息发掘出来,进行科学整序,使文献知识信息系统化、浓缩化、有序化。其内容主要有编制各种文献索引、文摘;编辑知识,信息集萃出版物;汇集同主题文献资料;文献综合分析研究;决策性参考咨询服务与信息资源开发服务等。此项工作是图书馆的深层次工作,在人员的配备上,应贯彻能级原则,注意能级与能质的差别,能质不同,能级不能相比。创造型人才学识渊博、技术娴熟、善于和有关学科专家密切配合,图书馆的人才培养任务都落在他们肩上,对高级人才的使用,既要安排好工作,创造良好的外部环境,又要关心他们的生活,使其全身心地投入图书馆事业中。

综上所述,人才的能级与岗位的能级必须动态对应,人才只有在各个能级中不断地运动,通过运动检验人们的才能,才能达到各得其位的目的。岗位的能级和人才的能级不是一成不变的,也在不断运动。例如,通过学习和实践,才能得到提高,理应上升到更高一级的层次,相反极少数年老体弱、智衰、能量自然下降,需进行必要的调整。因此,图书馆必须动态地实行能级对应,才能发挥最佳的管理效能。

第四节　高校图书馆管理的动力原理

在高校图书馆管理系统中，确立了以人为本的观念，对人也划分了能级，这是否就意味着高校图书馆管理活动一定会一帆风顺呢？未必。因为人缺少了动力就不可能充分发挥其潜能，更不可能积极主动地去为实现高校图书馆的目标而奋斗。因此，动力原理也就应运而生。

一、动力原理的基本含义

动力的管理学含义是指推动管理活动向特定方向运动的力量。其意义和作用不仅在于使其管理运动，而且在于使其非如此运动不可。管理动力具有如下特征：①它不仅有大小、方向，而且有直接作用的目标；②它不仅是一种力量，而且还是一种强有力的制约因素，促使管理组织按特定方式，以特定速度和规模向特定方向运动；③它是形成管理组织有序运动的主要原因，是维持管理组织存在、发展和完善的必要前提。现代管理强调，管理活动必须有强大的动力，尤其要求管理者要最优地组合、正确地运用管理动力，从而使管理能持续有效地进行下去，并趋向管理组织整体功能优化。这就是管理动力原理的基本含义。

二、管理动力的基本形态

我们认为，激发高校图书馆系统的高效能推动高校图书馆管理行为高速做功并趋向实现高校图书馆整体目标，最基本的动力是物质动力、精神动力和信息动力。①

（一）物质动力

高校图书馆管理的物质动力，是指通过一定的物质手段，推动高校图书馆管理活动向特定方向—最有效地满足读者的知识信息需求运动的力量。对物质利益追求而勃发出来的力量是支配人们一切活动的最初和最后的原因，因而，对高校图书馆人的物质激励是开发人员要素功

①郑幸子．高校图书馆管理与服务创新[M]．长春：吉林大学出版社，2018.

能促其加速做功的最原始、最基本和最重要的手段。实践证明,忽视对高校图书馆系统个体要素的物质激励,否认个体要素合理而正当的利益追求,搞绝对平均主义,是导致许多高校图书馆管理活动失败的主要原因之一。

(二)精神动力

它既包括世界观、人生观和价值观,也包括精神鼓励(如奖状、信任、关心、先进称号等),还包括日常的思想工作。

精神动力作为一种推动高校图书馆管理活动趋向优化目标的重要力量,已被越来越多的人所认识。这是因为,作为推动高校图书馆管理活动的精神力量,一方面,它依赖于物质力量,并以物质动力作为其存在和发挥作用的前提;另一方面,若精神动力的质量好、目标取向正确而又发挥得当的话,则会对物质动力产生巨大的反作用。它不仅能大大地影响并制约物质动力的方向,决定物质动力发挥的速度、范围、持久性等,而且一旦它转化成每个人员要素的内心信念,就会对个体要素的行为产生深远而持久的影响。所有这些都是精神动力的独特作用之所在。值得一提的是,日常思想工作也是精神动力的一项重要内容。对高校图书馆管理活动而言,更要引起高度重视,因为高校图书馆好似一个"清水衙门",高校图书馆对物质动力的运用是非常有限的。

(三)信息动力

高校图书馆管理的本质,从某种意义上讲,就是一个信息输入、存储、加工和输出的活动过程。信息作为动力,同其他动力一样,从特定的角度,以特定的方式推动着高校图书馆管理活动趋向特定的目标。信息量在迅速增加,而科学知识的老化周期则日益缩短。这种信息—知识的反向运动及其趋势对高校图书馆管理提出了特殊的要求。一个高校图书馆系统,为了维持自身的存在和发展,不仅要积极主动地输入、处理和输出各种信息,而且应不断地加大有效信息的输入和输出功率,这样才能立足于先进管理之列。高校图书馆的生存前提,既取决于它的信息加工能力和信息更新周期,也取决于它在向外部环境提供信息质量和数量的基础上所获得的用户市场。当然,在高校图书馆管理活动中,我们既要正确区分有用信息、无益信息和有害信息,又要注意保持信息量的度。

三、管理动力的正确运用

(一)管理动力的协调机制

由于高校图书馆管理的物质动力、精神动力和信息动力各自具有相对独立性,因此如何有机地组合、协调地运用这三类动力,就成为高校图书馆管理学需要研究的重大问题。

一般来说,管理行为在趋向系统整体目标的过程中,物质动力是其基础和前提,精神动力是其核心和灵魂,信息动力则是其必不可少的调节杠杆。三类动力各有自己的功用和意义,不可偏废。在不同的高校图书馆系统中,三类动力的地位和作用存在着各种各样的差异。即使在同一高校图书馆系统内,三类动力的地位和作用也不仅会随着时间、地点和条件的变化而变化,而且在不同结构、层次之间也存在着区别。高校图书馆管理的任务之一,就是要及时洞察其变化,把握其差异,采取既合乎实际又行之有效的措施,促使这三类动力相辅相成,发挥综合效力。

(二)正确处理个体动力与集体动力、眼前动力与长远动力之间的关系

从管理动力的角度看,任何一个高校图书馆系统的整体动力都是由高校图书馆内各个个体动力作用的结果。这些个体动力都各自有其物质动力、精神动力和信息动力。它们同高校图书馆系统整体动力并不总是完全一致的。如果我们用向量来表示高校图书馆系统的个体动力同整体动力的关系及其效应,一般会表现为以下三种典型情况。

高校图书馆系统内部各个要素动力都得到了充分而自由的发展,但由于它们方向各异,相互抵消,最后表现出来的整体效应就十分有限,有时甚至会出现向量为零或为负的情况。这种动力结构被称为放任型管理动力模式。

将每个个体要素的动力强扭到统一的“集体”方向上,从表面上看,只要将个体要素叠加,就能获得最大的整体动力,实则不然。因为高校图书馆系统的整体动力同单个要素的动力之间不遵守代数守恒定律。

将单个要素动力强行纳入高校图书馆系统整体动力之中，并要求方向相同和行动划一，实际上是对个体要素动力的约束或否定。其结果是个体动力不能得到合理而充分的发展，从而造成个体要素能量的减少或消失。这种动力结构被称为独断型管理动力模式。

高校图书馆管理在动力组合问题上，既反对个体要素动力的盲目发挥，又反对整体独断动力模式，还应追求高校图书馆系统要素动力的合理组合。高校图书馆管理实践证明，一种比较理想的管理动力模式一般遵循“四边形法则”，即个体要素的动力在整体目标方向基本一致的前提下，充分自由地发展。这样综合作用的效果，其整体向量虽然不是最理想的，但却是最稳定可靠的、最现实合理的管理动力综合。这是高校图书馆管理要求建构的动力结构，即满意型管理动力模式。

高校图书馆管理中还存在正确认识和处理眼前动力同长远动力的关系问题。通常情况下，高校图书馆系统内部个体要素的动力主要表现为眼前动力，这是由个体要素的性质、任务、目标以及自身利益所决定的；而高校图书馆系统的整体动力则主要表现为长远动力。然而，这种区分是相对的。事实上，个体动力中也有长远动力，整体动力中也有眼前动力，它们之间是“标”与“本”的关系，并具有交叉效应，高校图书馆管理应按照“急则治标，缓则治本”的原则，正确地认识和处理眼前动力和长远动力的辩证关系。

根据控制论，我们可以通过一定的外部刺激来获得高校图书馆系统的动力。即当高校图书馆系统及其要素的行为得到改善时，就予以鼓励、促进，这就是正刺激；反之，就予以惩罚、限制，这就是负刺激。从一定意义上讲，高校图书馆系统动力结构的优劣主要取决于正负刺激量的正确运用和比例是否恰当。刺激量不当，就不能有效地贯彻管理动力原则，就不能发挥出高校图书馆系统及其要素的最佳动力。因此，高校图书馆管理者必须注意：①管理刺激应以实现目标为准；②注意刺激的时效性；③少用甚至不用定期刺激；④少用甚至不用固定刺激；⑤刺激应随人员要素不同而采取不同手段；⑥奖惩分明，奖惩结合，以奖为主。

第五节　高校图书馆管理的效益原理

效益是管理的永恒主题。任何组织的管理都是为了获得某种效益。效益的高低直接影响着组织的生存和发展。高校图书馆管理自然也不例外。

图书馆属于公共事业单位,不以追求经济利益最大化为目标,但是同样也讲究效益最大化。那么什么是图书馆的效益?尽管有不少文献研究了图书馆效益及其评估的问题,但是到目前为止,学术界并没有形成统一的认识。有些学者从定性的角度对图书馆效益加以分析,如认为图书馆效益主要包括社会效益和经济效益,可以从服务效益、投资效益、管理效益3个方面来分析:有的认为图书馆效益有广义和狭义之分,主要体现在规模效益、结构效益、管理效益和质量效益等4个方面;也有学者从定量的角度对图书馆效益进行了研究,并且构建了详细的评估指标体系,将图书馆效益评估分为3个一级指标、7个二级指标、21个三级指标。这些研究都从理论上对图书馆效益进行了有益的探讨,但无论是定性的分析还是定量的指标分析,在实际工作中都是很难把握和操作的。

一、高校图书馆管理的效能、效率和效益

高校图书馆管理的效能是指高校图书馆管理系统所具备的实现目标的有效做功本领或有效行为能力,它直接取决于高校图书馆管理系统的目标是否明确、结构是否合理以及高校图书馆人的积极性发挥得是否充分。①

高校图书馆管理效率包括两层意思:一是指高校图书馆管理行为趋向系统目标的速度,即单位元时间内高校图书馆管理系统所完成的工作量;二是指高校图书馆管理系统完成单位工作量所需消耗的劳动量(包括知识和物化劳动等)。高校图书馆管理效益是指高校图书馆管理系统为一定的目标、以一定的效率发挥其效能的结果或效果。一方面,从动

①杨启秀. 高校图书馆管理与服务创新研究[M]. 北京:国家行政学院出版社,2018.

态过程看,高校图书馆管理效益是管理目标行为有效做功的结果,它表现为管理效能、效率和系统目标的函数。可用下式表示:管理效益=f(系统目标、管理效能、管理效率),这表明:①高校图书馆管理系统的整体目标是管理效能和效率趋向管理效益的一个重要干涉变量。即使在管理效能大、效率高的情况下,如果管理的目标不明确或无目标,管理效益就低下或无管理效益可言;如果管理系统目标错了,则管理结果就是负效益,且效能越大、效率越高,系统整体的负效益也就越大。②由于目标变量可主要视其优化程度而在0~1取值,因此,当高校图书馆管理系统的目标确定后,目标就转化为一个常量。一个系统的效能主要取决于它的结构。一个高校图书馆管理系统在特定的时空内其结构是相对稳定的,因此,其效能也可视为一个常量。这时,上式可化为:效益=f(效率),即效益直接取决于效率,并是它的函数。另一方面,从静态结果看,高校图书馆管理效益又主要由经济效益和社会效益构成。我们把高校图书馆管理系统所表现出来的内在价值称为经济效益,把高校图书馆管理系统对读者的价值称为社会效益。经济效益与社会效益既有联系,又有区别。讲经济效益是讲社会效益的基础,而追求社会效益又可以成为提高经济效益的重要条件。两者的区别主要表现在:经济效益较社会效益更为直接和显而易见,经济效益可以运用若干个经济指标来计算和考核,而社会效益则难以计量,必须借助于其他形式来间接考核,高校图书馆管理活动在处理经济效益与社会效益的关系上,应该是统筹兼顾,最大限度地追求经济效益和社会效益的同步增长。既反对单纯追求经济效益而不顾社会效益的倾向,也反对片面讲求社会效益而不讲经济效益的做法。当经济效益与社会效益发生矛盾时,应当从全局出发协调两者的关系,但基本的原则是要让经济效益服从和服务于社会效益。

(一)基于图书馆系统的图书馆效益原理的提出

笔者试从读者的立场出发,从图书馆系统的层面来评价图书馆的效益。可以把图书馆看成一个系统,图书馆系统内部根据功能可以划分为几个子系统:文献采集子系统、文献加工子系统、文献服务子系统、支撑控制子系统等。图书馆系统的组成和内部各子系统之间的关系如下:采集子系统主要是完成对文献的收集；加工子系统主要是完成对文献的加工和组织；服务子系统主要是对用户提供服务；支撑控制子系统主要是给其他子系统提供管理、支持、控制和保障等。其中，服务子系统直接面对用户，将用户的信息需求以及用户利用文献的情况反馈给采集子系统，采集子系统根据反馈回来的信息，不断地调整文献采集策略，以满足用户的信息需求。

图书馆系统并不是一个孤立的系统。对于高校图书馆来说，高校图书馆系统就是高校这个系统中的一个子系统，高校是其母系统。图书馆系统输入就是其母系统对其的投入（包括人、财、物等所有的资源投入），输出就是图书馆系统对其母系统提供的服务。由此图书馆系统的效益就是图书馆系统的输出与母系统对其投入之比。

因为图书馆系统的母系统对图书馆系统的投入在一定时段内（如一年）是固定的，所以提高图书馆系统的效益也就是在其母系统投入不变的情况下，提高系统的输出。这里所指的基于系统的图书馆效益原理，是相对于图书馆的投入与输出而言的，也就是说，在投入一定的情况下，如何提高图书馆系统的输出，就是如何提高对其母系统的服务。

（二）读者满足率是衡量图书馆效益的关键因素

图书馆系统的效益与系统中4个子系统都有着紧密联系。具体地说，影响图书馆系统效益的因素有很多，如馆藏信息资源状况、服务效率、服务的广度和深度、服务态度、服务环境、读者获取信息的能力等。文献服务子系统是直接面对用户系统的，其他几个子系统直接或间接地服务于文献服务子系统，系统的输出也就是文献服务子系统对用户系统提供的服务，换句话说，是用户通过利用图书馆的服务从图书馆系统中得到的收益。因此，影响图书馆系统效益的诸多因素都可以转化为读者满足率来评价和衡量。

读者满足率是衡量图书馆系统效益的关键因素。图书馆服务质量如何，最终应由读者来决定。图书馆无论采用何种体系和方法，都应该把读者评价放在突出位置。读者满意的程度越高，说明图书馆的工作做得越好，效益越高。

二、高校图书馆管理效益的根据

（一）生产方式

从根本上来看，高校图书馆管理效益是由生产方式决定的。一个社会的生产方式是这个社会劳动者与劳动资料的结合方式，它既是人与自然之间发生物质变换的方式，也是人与人之间的物质交往方式。在这两个方面都伴随着管理活动。在某种意义上，高校图书馆管理活动是生产方式的外在表现，有什么样的生产方式就必然会有什么样的管理活动。所以，生产方式既决定着高校图书馆管理的性质，也决定着高校图书馆管理的方式。高校图书馆管理具有什么样的性质和以什么样的方式存在，又直接决定着高校图书馆管理的效益。因而，生产方式从根本上决定高校图书馆管理的效益。

（二）管理者

管理者是管理主体，在高校图书馆管理活动中居于支配地位，起核心作用。管理者的思想观念、行为方式对高校图书馆管理效益的影响是十分明显的。这是因为，管理者的思想观念在管理活动中往往表现为管理的指导思想，这种指导思想又会支配管理行动，使其表现出特定的管理行为方式。管理者的思想观念、行为方式对高校图书馆管理效益的影响，是通过对高校图书馆管理活动的计划、组织、领导、控制和评价等职能和环节而实现的。

（三）管理对象

高校图书馆管理对象是由人、财、物、信息资源等要素组成的一个有机体系，其中，人是最重要的。尽管财、物、信息资源等要素的组合对提高高校图书馆管理效益具有不可忽视的作用，但这种作用只有通过人的活动才能实现。人的素质水平、工作责任心、主观能动性发挥的程度，往往决定着其他管理对象作用发挥的程度。

（四）管理环境

高校图书馆管理效益是通过有效的管理活动实现的，而管理活动又是在外部客观环境的影响下进行的，因此，管理环境也是影响管理效益的一个重要因素。影响高校图书馆管理效益的环境因素包括政治环境、经济环境、科学技术环境和社会心理环境。政治环境是指一个国家的政治形势、法律制度、路线方针政策以及国际局势,经济环境是指高校图书馆系统之外的经济发展状况,如市场、投资、银行信贷、税收、物价等,这些因素通过价值规律等方面的作用影响高校图书馆管理的效益;科技环境是指高校图书馆系统外部科学技术(尤其是信息技术)的发展状况,它通过影响劳动生产率来影响高校图书馆管理的效益;社会心理环境是指高校图书馆系统外部的各种社会心理现象,主要包括社会态度、社会期望、社会舆论、消费心理、从众心理等,它们通过对高校图书馆的精神文化、人际关系以及高校图书馆成员的心理行为产生影响而影响高校图书馆管理效益。

弄清影响高校图书馆管理效益的因素对于提升高校图书馆管理效益具有重要意义。首先,可以使管理者提高认识,在高校图书馆管理活动中注重运用科学的管理方法和民主的管理手段,自觉地提高管理水平。其次,可以使管理者认识到人的因素对于管理效益的意义,注重调动人的积极性,提高人的素质,协调人们之间的关系,使人与物的结合方式达到最佳的优化状态。最后,可以使管理者树立开放的管理观念,不是把眼光局限于自己的管理范围之内,而是在更广阔的视野中看待自己的管理范围,认识环境因素对高校图书馆管理活动的影响,自觉地利用一切有利的影响,避免不利的影响,从而大大提高高校图书馆管理效益。

三、提升高校图书馆效益的基本途径

网络环境下,图书馆的工作环境、工作内容以及服务对象的信息需求都发生了深刻的变化,新时期高校图书馆应该如何站在读者的角度来应对这些变化,以提升管理效益和服务效益,是一个值得深入探讨的问题。

(一)网络环境下影响高校图书馆效益的因素分析

1.图书馆不再拥有信息传播渠道绝对的控制权

在因特网出现之前的很长一段时间里,图书馆拥有绝对的信息传播渠道控制权。而因特网出现之后，信息从出版、包装到传输已经实现了数字化，读者与图书馆拥有了相同的信息传播渠道的控制权。因此，读者对图书馆的要求就更高了，除了在全文信息量的方面有所要求外，时效上也希望能即时得到各种资源。不难发现，读者愿意等待信息的时间正在逐渐缩短，对图书馆信息服务效率提出了更高的要求，使图书馆在提高读者满足率方面的努力难度加大。

2.图书馆服务中介的传统地位

受到冲击网络环境下，读者收集资料或使用数据库变得越来越容易时，甚至有些资料都可以直接通过很好的预印本机制获得，图书馆的中介角色就面临可能逐渐被取代的威胁。图书馆对于用户不再是首要的或唯一的选择，这给图书馆带来了很大的冲击。图书馆若不进行相应的调整和变革，其传统的服务模式、组织机构和体制都将直接或间接地阻碍图书馆服务效益的提升。

3.读者对网络的依赖与日俱增

文献的传播过程与出版模式发生了改变，学术研究生产的过程也加速了，单篇文章的重要性越来越高；高校图书馆面临着读者大量流失的威胁，年轻的大学生已经习惯于通过网络来解决问题，很少光顾图书馆。这些也都成为读者满足率难以提高的重要因素。

4.有限经费与资源不断涨价的困扰

网络环境下，除了来自读者的压力外，图书馆在经费方面也面临着考验。文献资源不断涨价，使得有限的经费实际可以负担的资源逐年减少。因此，如何降低成本，提高使用效益，在固定投入与图书馆用户要求之间达成平衡已成为图书馆经营的重要议题。

（二）提升高校图书馆效益和读者满足率的着力点

网络虽然给读者以及图书馆工作带来了极大的便利，但是网络并不能因此而替代图书馆。网络有其自身的许多弱点，如搜索引擎的检索结果往往数量庞大却质量参差不齐，很容易误导读者，即使是功能强大的Google Scholar，其检索效果远不如全文数据库等。又如，网上开放存取虽得到很多读者的青睐，但其资料来源广且复杂，质量很难保证，主导权不在用户手上。调查发现,虽然读者对网络的依赖程度非常高,纸本的馆藏越来越不受到重视,但是用户对馆藏数字资源的依赖程度却在不断加深。

因此,高校图书馆应在资源建设、机构设置和业务流程等诸多方面提出应对策略,以吸引读者重新回到图书馆,提升图书馆效益和提高读者满足率。

1.切实抓好文献资源建设的基础工作

馆藏文献资源建设质量直接影响着馆藏利用率和读者满足率,是保证图书馆效益得以实现的重要基础。资源建设部门要做好与用户的沟通工作,充分调研和了解用户需求,根据学校的学科结构、未来发展趋势及用户的阅读倾向等,制定馆藏发展政策,提高图书馆经费的使用效益。

在文献类型建设上,图书馆要处理好几个关系:印刷型文献和数字信息的收藏比例、图书与期刊的比例、中文与外文资料的比例。特别是印刷型和数字型文献的比例更值得研究。数字型文献信息量大、传输速度快捷、利用方便,但也有许多不足,如:长期保存困难、不具有所有权、需要有设备支撑以及不符合人们阅读习惯等问题。而印刷型文献则相反,它可与数字型文献取长补短,共同满足读者的不同信息需求。因此,在文献采集上,一定要通过充分调研,确定好印刷型和数字型文献的收藏种类及比例,合理收藏,以满足当前及未来读者的需求。印本资源采集时要尽量采购实用性强、信息量大、情报价值高、研究成果新的书刊,以形成本馆的核心书刊体系,以达到最好的效益。数字资源如何采购,应注意使用者分析以及学科特征、内容的分析,同时必须考虑如何有效地运用有限经费,如何分配、争取合理的计价模式以及避免重复投资等问题。

此外,文献的编目数据质量高低,不仅影响着用户对馆藏文献的检全率和检准率,也影响着馆藏文献的利用率。高校图书馆应努力提高文献编目的准确性与规范性。

2.整合数字资源,做好参考咨询工作

网络环境下,读者对于如何在图书馆所提供的信息资源中找到所需要的信息也提出了更高的要求。随着通信协议的发展,整合来自各种不同渠道和不同形式的数字资源成为可能实现的目标。如同传统图书馆的分类、编目以及典藏一样,图书馆可以利用自己的组织优势,使其在网页上有类似的呈现方式,且要不断地升级检索功能,并融入信息检索机制中。这既是对馆藏资源的重要补充,也是数字资源整合的重要方面。

为了满足不同层次读者的需求,高校图书馆应充分利用数字资源开展多形式、多层次的参考咨询,不仅向读者提供一次文献服务、二次文献服务,还要提供定题跟踪服务和综述、述评、专题研究报告等高层次服务;不仅提供大众化的服务,还需提供个性化的服务。在服务中应调查研究,不仅要了解读者的现实需求,而且要挖掘他们的潜在需求。通过图书馆的努力,满足读者3个层次的文献信息需求,即基本需求、期望、超越读者期望(潜在需求)。这样才会使读者满意度由较满意到满意,再向非常满意提升。

3.做好资源宣传推广和用户教育

虽然进入图书馆实体的人数减少了,图书馆不再像以往可以控制和管理读者。但是并不是所有的读者都具有同等的信息获取和利用能力,图书馆丰富的资源并不是每个读者都能知晓的,图书馆有职责将资源以及资源利用技术向读者推广。

除了采取多渠道的宣传外,读者教育是必不可少的,可采取授课、讲座、咨询、印发宣传资料、办宣传栏等方式进行。通过读者教育,使读者掌握检索文献信息的基本技能和方法,提高分析、加工、评价文献信息的能力,帮助读者了解、熟悉和充分利用图书馆的文献信息,从而使读者具备自如运用图书馆文献信息的能力。通过读者教育,沟通图书馆与读者的联系,培养读者对图书馆和工作人员的信任,将读者特定的借阅需求和图书馆的具体服务有机联系起来,使读者得到最快速度的服务,最大限度地满足读者的文献信息需求。

4.引进激励机制,合理改变机构设置

网络环境下,一天24小时,每周7天不间断的理想服务,对图书馆的压力是很大的。图书馆只有在服务模式和机构设置上有所调整,才能适应用户不断增长的需求。

图书馆的部门设置是协调各种元素之间关系的关键一环。传统做法往往把高素质专业人员放在文献采编部门,而一线直接为读者服务的馆员常常受自身素质限制而给读者带来很大不便。而现代高校图书馆,应把工作重点放到一线去,逐渐培养起教学型、研究型的专业馆员,即建立学科馆员制度。大量的文献分编等业务,逐渐通过行业化加工来减少投入,保证业务质量。使大量的业务骨干从烦琐的事务性劳动中解放出来,走向读者服务的第一线,更好地为读者提供深层次的参考咨询服务。通过学科馆员制度的建立,强化学科馆员与专业读者之间的联系,根据专业读者的学科专业特点,为其提供咨询、辅导检索、指导阅读、负责文献馆际互借和利用网上资源等服务。学科馆员制度的实施,使得高校图书馆提供信息更专一、更准确,服务效益大大地提高。馆员的服务意识也是影响图书馆文献利用率的重要方面。高校图书馆要多方探讨激励机制,将工作人员的目标与图书馆服务的目标统一起来,提升馆员的自觉服务意识。只有这样,才能从根本上提高图书馆的办馆效益。

第三章　目标管理创新下的高校图书馆

第一节　高校图书馆目标管理的理论渊源

由于高校图书馆对图书馆科学管理的要求越来越高，人们也开始探求将目标管理方法用于图书馆科学管理的可行性，本节就此谈谈自己的认识。[①]

一、目标管理的含义、特性与功能

（一）目标管理简介

目标管理是由管理大师德鲁克提出的，他指出目标是工作和工作安排的基础。目标决定着组织的结构，以及必须从事的主要活动。特别重要的是，目标还决定了人员的安排，以便各司其职。可以说，目标既是设计组织结构的基础，又是设计各个单位和各个管理人员的工作基础。德鲁克对目标有5个要求，总结为：①各项目标不是抽象的，而是行动的承诺，用以衡量工作绩效的标准；②目标必须具有可操作性，即必须能够转化为具体的小目标和具体的工作安排；③目标必须使各种资源和努力能够集中起来；④必须有多种目标而不是唯一的目标；⑤在影响组织生存的各个关键领域都需要目标。

（二）SMART原则简介

SMART原则是根据美国马里兰大学管理学及心理学教授洛克目标设置理论在实践中总结出来的，它主要有以下几个方面：

第一，目标必须是具体的，指绩效考核要切中特定的工作指标。所谓明确就是要用具体的语言清楚地说明要达成的行为标准。明确的目

①于红，李茂银. 高校图书馆管理与服务创新研究[M]. 长春：吉林人民出版社，2019.

标几乎是所有成功团队的一致特点。很多团队不成功的重要原因之一就因为目标定得模棱两可，或没有将目标有效地传达给相关成员。

第二，目标必须是可以衡量的，指绩效指标是数量化或者行为化的，验证这些绩效指标的数据或者信息是可以获得的。衡量性就是指目标应该是明确的，而不是模糊的。它应该有一组明确的数据，作为衡量是否达成目标的依据。如果制定的目标没有办法衡量，就无法判断这个目标是否实现。但并不是所有的目标都可以衡量，有时也会有例外，比如大方向性质的目标就难以衡量。

第三，目标必须是可以达到的，指绩效指标在付出努力的情况下可以实现，避免设立过高或过低的目标。目标是可以让执行人实现、达到的，如果管理者利用一些行政手段，利用权力的影响力一厢情愿地把自己所制定的目标强压给下属，下属典型的反映是一种心理和行为上的抗拒。

第四，目标必须和其他目标具有相关性，指绩效指标是实实在在的，可以证明和观察。目标的相关性是指实现此目标与其他目标的关联情况。如果实现了这个目标，但与其他的目标完全不相关，或者相关度很低，那这个目标即使达到，意义也不是很大。

第五，目标必须具有明确的截止期限，注重完成绩效指标的特定期限。目标特性的时限性就是指目标是有时间限制的。没有明确的时间限定的方式也会带来考核的不公正，伤害下属的工作热情。

（三）目标管理的含义

目标管理源于美国企业界，20世纪80年代初开始引入我国，逐渐由企业向社会各方面渗透，而图书馆界进行目标管理还处于尝试阶段。近年来一些图书馆把目标管理引入图书馆管理进行了实践探索，取得了一些经验，为目标管理在图书馆领域的普及提供了宝贵经验。实践证明，目标管理是适用于图书馆领域科学管理的一种方式。

目标是一个活动计划的着眼点或终点，是一个目的、一个对象、一个努力争取达到的标准，在目标管理中，目标被认为是一个要达到的条件，或者是一个为实现现代化图书馆利用多载体资源这一理想所必须具备的条件。任何一个现代化图书馆,其目标都应把所有的管理部门试图提出的条件包括进去。这种管理方法,称之为目标管理法。

何为目标管理?目标管理是一种将组织要达到的目标,同组织各项管理工作和组织每个成员的任务与职责结合在一起的管理方法。它包括六个基本要素:①以重视成员的思想为指导;②主管人员与下属人员共同选定该组织一定时期的共同目标;③将共同目标进行分解,落实到各个部门乃至个人;④根据预期每个人将达到的目标,明确每个人的责任范围;⑤每个人围绕目标自觉工作、自我控制、自我管理;⑥依据原定目标对达到的成果进行检查和评价。

目标管理是重视整体的管理,讲究科学的分工、协作及工作效率,将组织工作总目标划分为不同范围、不同层次而又相互配合、方向一致的目标,并形成一个联系紧密的目标连锁体系。

目标管理是重视人的管理,注意发挥人的主观能动作用,管理者要重视下级的责任感,重视民主参与,只有让下级参与目标的制定,用他们认可的、感到富有挑战性的目标去领导下级,才能使之产生责任感,增强工作动机,减少上下级的矛盾,激发向心力。目标管理是重视成果的管理,在目标体系确定后,上级应将完成其自身目标的权力授予相应的下级,由被管理者自己充分发挥主观能动性和工作责任感,用自己的创造精神和创造才能去独立自主地开展工作,上级领导做必要的、适当的指导。最后再根据成果与原定目标来评价下级工作的好坏。

图书馆目标管理是运用目标管理机制来开展图书馆的各项管理活动。它包括:制定总目标;层层分解目标;制定落实措施;安排人力和物力,实施和控制;效果评定。实行目标管理有利于激发工作人员的积极性与创造性,强化职业道德,增强凝聚力与向心力,促进业务水平和科研能力的提高,有利于员工参与管理,集思广益,保证馆内各项工作全面发展。

(四)目标管理的特点

第一,目的性。目标管理由于其管理活动全过程中对目标的重视,而形成了优于图书馆传统管理的第一特点——目的性。第二,自觉性。

每个员工在制订部门和自己的工作目标时都有发言权,并且提倡每个人研究自己业务范围的各个环节,鼓励员工提出自己的工作重点,把目标定得切实而先进,向自己潜在的能力挑战。这样,员工就有了极大的自主权,从而也就会引出极大的自觉性。第三,整体性。图书馆实现目标的责任是要由每个人来承担的,每个员工不能只强调个人的工作,只注意完成自己的任务,还应该以部门的努力目标作为自己对图书馆的贡献目标。这样,就形成了图书馆目标管理的整体性特点。这一特点令全馆上下方向一致,集体观念和向心力都得到极大增强。第四,阶段性。目标管理强调将长远目标分成几个阶段目标,不仅使完成目标的思路清晰,也为行动提供了可靠的路线,而且由于各阶段都要定期检查,可以及时发现目标实施环境、条件的变化,并对以后的目标及实施计划作出相应的变动,因此使管理表现出一定的灵活性。

(五)目标管理的功能

目标管理具有以下几种功能:①激励功能。在调动人的积极性方面,目标管理不仅注重公正评价、合理任用的作用,而且强调对员工除了物质激励外,最重要的是满足其精神需要,并用目标考证、参与、授权等方式来给予员工成就、信任、荣誉、责任等精神需要,最大限度地调动人的积极性、主动性、创造性。在人才资源的开发、培养上,目标管理鼓励不拘一格大胆起用人才,促进了人才合理流动,并通过授权、自我管理完成目标等手段,为员工创造出一个能自由而舒畅地发挥其才能的条件和环境,让员工在自我管理中充分挖掘自己的潜力,自觉加强业务认识,增进业务水平,提高解决问题的能力。一个明确具体、切实可行、催人奋进的目标必然可以起到鼓舞人心、激励干劲的作用。同时,也可使每个员工认识到自身的行为对实现整体目标的价值,以及个人所能获得的肯定意义和满足,从而激发他们能够顾全大局,立足岗位,做好本职工作,为实现整体目标努力奋进。

②控制功能。图书馆除了制定一些必要的规章制度外,还要以所制订的目标作为衡量员工工作的标准,这种全员参与控制、随时进行控制的方式,不仅灵活,而且及时有效,使控制职能能实实在在地真正发挥

作用。

③创新功能。目标管理下的领导从琐碎事务中解脱出来以后,抓大事、抓宏观调控,能抽出更多的时间和精力来研究新的工作方法以提高图书馆的管理效果。各级员工由于被授权自我管理,也可以充分发挥自己的潜力,创造性地完成自己的目标。并且,图书馆目标管理是循环往复的,一个目标实现了,就必须制订下一个目标,而下一阶段的目标应该是建立在上一阶段目标的基础上并有所提高的。因此,图书馆的各级活动总是处于创新的可能性中,而全馆也总是在朝着更高更新的目标迈进。

④评价标准功能。评价标准功能是指将图书馆管理目标用来作为评价管理工作成效的尺度。因为目标本身可以成为管理行为的规范,所以它自然也就可以成为检验管理行为的标准,它既可作为检验图书馆总体管理目标的质量标准,也可作为检验图书馆各项具体管理目标的质量标准。

二、科学创新管理与目标管理

科学创新管理就管理科学本身而言,大致包括两大系统:一是技术系统,它注重计量方法、数学模型及电脑的应用;二是行为科学系统,它注重组织理论与人的因素,强调工作动机、人群关系、领导或管理者行为、团队士气及组织结构等,并且认为管理的功能在于合理地安排组织内外的各种主客观条件,以挖掘个人的潜力,提高工作效率,达到特定的目标。这也正是目标管理的目的。目标管理作为现代化科学管理的方法之一,像其他优秀的管理方法一样,它要求管理思想的现代化,摆脱狭隘的传统经营思想,把管理立足在先进的科学技术和民主的基础之上,朝专业化、协作化、联合化、网络化管理方向发展。目标管理在图书馆科学管理实践中具有方法优势。以往所提到的图书馆科学管理有以下几种:第一,图书馆事业的组织和管理;第二,图书馆工作的计划管理;第三,图书馆的人员管理;第四,图书馆的建筑与设备、经费管理等。

其中图书馆事业的组织与管理就是通过决策、计划、组织、指挥、监督、调节等手段对图书馆事业的建立、运行和发展的过程进行管理。至于图书馆的工作过程、人员、经费、建筑与设备的管理都是其具体的管理方面。这些管理手段都统一于一点，就是计划化管理。计划化管理是科学管理中利用最普遍的方法之一，它与目标管理的区别是计划下的目标和目标下的计划。虽然从理论上很难把它们绝对分开，也难定其优劣。但就图书馆的科学管理而言，目标管理更具先进性。计划管理，没有科学的目标和对其深刻全面的研究，就避免不了在计划的制订时出现不切实际的情况，实施时也难免出现问题。我国的图书馆工作实践就证明了这一点，在资源共享、图书馆标准化方面虽然做过不少计划，理论界也完全肯定了它们，但其实践效果远未令人满意。究其原因，不是计划脱离实际，就是缺少像目标管理那样的监督和保证条件。而目标管理则是把管理目标与各级图书馆、职能机构，甚至具体个人和岗位相联系。因此为实现目标而作的计划也最切合实际，并可根据实施过程的信息反馈来校正，这一点上就显示了目标管理在方法上的优点。

三、目标管理与图书馆事业现状的相容性

谈到我国图书馆事业的现状，令人注目的就是重复浪费。①图书馆与馆部门之间的重复浪费；②“三大系统”的重复浪费；③图书馆与图书馆的重复浪费。我国图书馆界具有一个共性：对于每一个图书馆来说，小则办成小而全，大则办成大而全。在资金有限的情况下，一方面造成重复浪费；另一方面，也影响藏书质量，进而影响图书馆的服务效果。可见，我国图书馆的浪费现象几乎达到无处不有的地步。这种现象的原因很复杂，但主要是由于我国图书馆界的管理体制、图书馆的社会地位和相互关系所决定的。因此许多事情不是每个孤立的图书馆在目前条件下力所能及的。

此外，随着国家各项工作改革浪潮的到来，图书馆管理和内部各项工作的改革也势在必行。许多图书馆都在探索新的管理体制和新的工作方法，有的图书馆还在建立或试行图书馆工作守则、岗位责任制、计量工作法、奖罚制度和评比提升条例等。希望把具体的工作人员与工作岗位及工作质量结合起来，从而改进图书馆工作和服务质量。通过目标管理的实施，可使这些萌芽阶段的新方法脱离狭小的圈子，更加系统化，条

理化。

四、图书馆目标管理的特点

在确定目标时，自上而下，在目标管理实施和效果反馈时，自下而上。战略目标的实现，要以基层和具体图书馆目标的实现为基础。这些图书馆在提出图书馆战略目标的前提条件下，制订本馆诸项工作运行和发展的详细目标，这些目标与图书馆战略目标相比，是战术性的。

一个方案的可评价方面虽然很多，但一般可分为两类。一是花费类，如资金、成本、材料、人力等；另一个是效果类，如产量、利润、收入等。前者越少越好，而后者越多越好。一般来讲，如果一个系统以较小或相同的花费，取得更大更好的效果时，就被认为具有良好的效益。图书馆目标管理方法在图书馆管理工作中的合理使用，必然产生比原来更高的效益。这是因为：

第一，目标管理的战略目标的制订，最先考虑的可行性因素就是整体社会效益。若效益低，则说明所确定的目标不够合理，就要重新制订。

第二，要保证目标管理的战术性目标的实现，就要保证具体单位的经济效益。否则，整个系统就无法正常运转。目标管理的运行过程就是图书馆效益的实现过程。

图书馆目标管理的目的，就是通过把具体的人、组织同具体的目标相联系以产生更高的工作和服务效益。即使制定了管理目标，如果实施不利，目标管理仍是一句空话。因此，若想保证这种“人与目标”的联系，就必须制定一系列条例和措施来保证目标的完成。使目标管理有法律效力，而不是无所谓的想法和试验。在具体工作岗位上，做到完成目标者奖、延误目标者罚，使目标的成败与职工的切身利益连在一起。图书馆目标管理的这些特点，决定了目标管理在图书馆科学管理中的现实可行性。

目标管理是使管理者的工作由被动变为主动的一个很好的手段，实施目标管理不仅有利于员工高效地工作，还能为未来绩效考核目标和考核标准的制定奠定基础，使考核更加科学化、规范化，更能保证考核的公开、公平与公正。

第二节　高校图书馆目标管理的内涵

一、高校图书馆目标管理的内涵

所谓目标，是指期望达到的目的，对管理活动来说是开展某项活动所期望并要达到的理想期望值。目标管理的组织结构是由提出目标、实施目标、目标成果评定三大部分组成。在这一组织结构体系中，目标是定格部分，它的可行性与合理性，制约着目标管理的方向与发展。因此，高校图书馆的目标管理是组织和动员高校图书馆各部门和全体工作者共同努力，实现高校图书馆总目标的具体措施的全过程。这一全过程具体而言包括以下的具体活动环节：①确定要实现的总目标；②层层分解目标；③制订落实措施；④组织安排人力和物力；⑤实施与控制；⑥效果评定。

从目标管理的实施过程来看，目标管理的核心是强调目标实现，也是强调和重视目标期望值的完成。因此，图书馆目标管理的要点是：

第一，注意激发工作人员的积极性、主动性和创造性，增强图书馆工作的责任感、紧迫感。这是使目标管理循环不止，不断提高的基础。[①]

第二，实行权力层层下放。即开展授权式管理，实现权、责、利的统一，使各级管理人员和每个图书馆工作者都能实行自我控制。

第三，推行成果第一的方针。使每个图书馆工作者与管理人员明确自身所担负的目标任务。明确是否达到目标以及成果大小、获奖的标准，以激发工作人员钻研业务、讲求务实、勇于开拓拼搏。

第四，目标管理，亦称目标管理法，简称MBO（Management By Objectives），源自美国企业界。美国著名管理学家彼得，德鲁克于1954年在《管理的实践》一书中首先提出目标管理概念。他认为，一个组织的“目的和任务”必须“转化为目标”，各级管理人员只有通过这些目标对下级进行领导与督导，并以目标成果来衡量组织中每个成员的贡献大小，才能最终确保一个组织总目标的如期实现。如果没有计划周密、方向一致

①林丽真．图书馆外借服务的人性化与特色化[J]．神州，2020(07):290-290.

的子目标来指导每个人的工作，则组织的规模越大，人员越多，发生冲突、造成浪费、出现混乱的可能性就越大。从德鲁克的管理思想中，至少可以领悟到以下几层含义：劳动分工越细，越复杂，就越需要明确每个岗位的工作职责；一个单位或组织总目标的实现必须以各级子目标的实现为前提；工作目标或任务应以条理化、可操作、可达到的目标形成加以规划和罗列；各级子目标是为总目标的最终实现服务的，因此，应注意到各子目标间的相互联系和协调，目标管理强调每个成员参与管理，要求激发每个成员的主动性、积极性和创造性，而不是层层被动地执行上级下达的工作任务。

所谓高校图书馆目标管理，就是根据高校图书馆的任务，把全体馆员共同参与制定的目标具体落实到馆内的每个部门、每个环节和每个人，通过执行、控制、检查和评价等过程实现预期目的，达到最佳效果的管理活动。或解释为，高校图书馆的管理者通过民主协商，制订出一定时期内的总目标，然后围绕实现总目标，自上而下地将总目标分解为部门（如采访、编目、典藏、外借、阅读、参考咨询、期刊、技术等部）目标和个人目标，并层层落实实现这些目标应采取的各种措施，开展一系列组织、激励、控制等活动，最后对完成目标的情况进行考核、评价，并给予相应的奖罚。在实现预定目标的基础上，再开始制订新的目标，进行新的良性循环，从而形成全员参与、全程管理、全面负责、全面落实的科学管理的方法链。图书馆目标管理是指图书馆中的上下级一起参与图书馆目标的制订，由此决定上下级的责任和分目标，并使其在目标实施中实行自我控制，并把这些目标作为图书馆经营、评估和奖励每个部门和个人贡献的标准，以努力完成目标的一种现代管理方法。对图书馆目标管理的概念可以从以下四个方面来理解：首先，图书馆目标管理是一种参与形式的管理。目标的实现者同时也是目标的制定者，即由上级与下级共同确定目标，上下级共同协商，制订出图书馆各部门直至每个员工的目标，用总目标指导分目标，用分目标保证总目标，形成一个目标手段链。因此，应强调自我控制，通过对动机的控制达到对行为的控制，对权力下放的过程进行管理。其次，图书馆目标管理力求将图书馆目标与个人目标紧密地结合在一起，以增强员工在工作中的满足感，调动员工的积极性，增强图书馆的凝聚力，再次，图书馆目标管理层次包括图书馆整体发展战略目标、图书馆年度目标、各部门目标和馆员个人目标。目标管理以图书馆战略目标为前提，以图书馆年度目标为依据，将各种任务、指标层层分解到各部门和每个人。最后，图书馆目标管理实施的关键是事先制订图书馆合理的任务指标体系、考证因素分值体系和奖罚标准体系，事中进行过程管理，检查考评目标的执行情况，事后按工作绩效和约定的奖罚标准及时兑现奖罚。

二、高校图书馆目标管理的特点

高校图书馆传统的行政管理方式，是指高校图书馆管理者凭个人的知识和经验，在手工作业的技术设备条件下，以文献的采集和整理为主要活动内容，以完善的保存文化典籍为基本目的的有组织的活动。从领导体制来看，它属于家长式的行政领导；从管理内容与范围来看，它局限于以藏为主、以用为辅的封闭式的框框之内，是单一馆性质的高校图书馆管理；从管理方法和手段来看，以手工操作为主，把具体的业务技术与事业管理混为一体，对管理概念规范不一。

高校图书馆传统的行政管理在具体的管理实践活动中积累了一些科学方法和经验，值得借鉴，但是它有一个突出的弊端，就是统得过多，统得过死，束缚了具体工作人员自主地、创造性地完成工作目标的积极性，他们只是被动地执行上级的命令，而对工作效率和效果并不十分关心，各工作部门各自为政，相互协调和配合的意识相当淡薄；勤奋工作的人不能受到鼓励，人的聪明才干难以充分施展，懒惰怠工的人得不到应有的惩罚，大家都抱着观望的态度，过着“做一天和尚，敲一天钟”的日子。由于缺乏一套科学、严密、高效的管理制度，容易出现事倍功半、相互推诿、劳而无功的不良现象。与传统管理方式相比，目标管理有着许多鲜明的特点，归纳起来，有以下几个方面的特点：

（一）整体性

目标管理，强调的正是组织的整体性和行动的一致性。高校图书馆的总目标是一个有机整体,是一项系统工程,是全体成员通过民主协商确定的,具有一致性。各子目标的内容与形式虽然不同,但努力的方向是一致的,都必须以总目标为依据,以利于总目标的实现为原则,因此高校图书馆的总目标与各部门的子目标是不可分割的统一整体。确定目标时,还要考虑校内外环境因素的一致性,对外要考虑高校的办学条件及性质,校园网、广域网、因特网的连接与相通等;对内要考虑与高校图书馆的办馆方针、服务宗旨保持一致。

(二)参与性

目标管理的一个重要特点就是通过目标的决策与完成来激发全体人员的自觉性和积极性。在传统的行政封闭式的图书馆组织管理中,决策是由上层人员凭主观意志拍板决定并传达给下属执行。而目标管理则是让全馆人员主动地参与到各级目标的提出、讨论、筛选、制订、执行、检查、评估、考核的全过程中,并得到他们的认可,这样能产生责任感,加强工作动力,减少干群矛盾,激发向心力和凝聚力。目标体系自上而下、层层分解,加强各类信息的纵、横向交流,使馆员更好地了解决策的内容和任务的要求,了解个人目标与组织目标、子目标与总目标的整体关系,在思想观念上从“要我干”变为“我要干”。

(三)协作性

图书馆工作是一个有机整体。总目标与子目标、子目标与子目标之间并不是彼此孤立存在的,要使各类目标顺利实现,要使整个工作体现出高效率,要使人力、物力、财力得到最大程度的合理使用,就必须加强馆内各部门和各目标执行者之间的沟通和联系。应建立一个馆长——部主任——各室、库负责人自上而下层层分解、自下而上层层保证的管理体系。

(四)创新性

这是目标管理最为突出的一个特征。目标管理的体系确立以后,充分发挥了各级子目标执行者的主观能动性,不束缚于传统的框框架架。这就要求高校图书馆领导要善于有效地授权,实行民主管理,在确保总目标能如期实现的前提下，给予馆内工作人员本职范围内的权限和自由，使他们在一种信任、开心、和谐的心理环境中进行“自我控制”，充分发挥其创新性和积极性，促使他们采用最为简捷、高效、优质的方式去完成各自的工作目标。

（五）奖惩性

目标管理与高校图书馆传统的行政管理方式相比，最为显著的一个特点是:奖惩分明。虽然，目标体系的建立为明确工作方向奠定了基础，但要保障目标体系的顺利实现，还必须根据各级子目标完成与否及完成的程度，建立检查、监督、考核的奖惩机制，做到职责分明、激励先进、鞭策后进、贡献大小与精神和物质上的奖励挂钩、切实调动全体馆员的积极性。只有这样，才能真正体现出目标管理的实际效果。

（六）以目标为中心，强调目标的实现

实行目标管理，是将图书馆工作的目的、任务转化为全体图书馆工作人员上下一致的、明确的目标，并通过目标的制定、实施和评定这一目标来展开，把全部工作组织起来；形成一个既有层次，又有统一制约标准的目标连锁结构。同时，目标管理特别强调目标的实现，注重成果与绩效。至于如何实现目标，如方法、手段与程序等则由执行者自行决定，充分发挥执行者的主观能动作用，在总目标这一标准制约要求下，展示各人的智慧与本领。

（七）个人目标与组织目标融合一体

按照目标管理的要求，不仅整个图书馆机构有总目标，而其各级组织在总目标下又有自身的分目标，而图书馆工作者又都围绕着组织的分目标提出各自的具体目标。因此，目标连锁体系结构是由总到分，由分到具体的纵向连接形式，而各级分目标之间相互并联、互为补充，个人目标之间又承上启下，互相作用，对应兼顾，从而形成目标连锁体系结构中的内在横向连接形式。这样，无论是各级组织的分目标，还是个人的具体目标，它们都是图书馆机构总目标的“目标连锁体系”中的有机组成部分。因此，只要所有人员完成了个人目标期望值，那么各级分目标及总

目标的期望值也就达到了。可见，这种“目标连锁体系”把各级组织、各个岗位的工作、任务、利益、生活等因素连接起来，融为一体，可以使全体人员心往一处想，劲往一处使，齐心协力，共同奋斗，把精力集中在图书馆机构的总目标完成上。

（八）实行自主管理，进行自我控制

目标管理，是把以工作为中心的科学管理同以人为出发点的行为科学结合起来的一种管理方法。它强调让目标执行者进行自主管理和自我控制。尤其是目标管理的自身体系与宗旨是强调目标实现。要实现这一目标，就必须使“目标”具有可行性和适用性。为此，在制定目标时，体现民主管理精神，实行上下协商，自行制订。在目标执行中，体现自我控制的战略思想，既由上级仅作适当指导，而又不是上级说了算，既又分权下放，让执行者进行自行设计工作步骤，同时又由目标予以制约克服，实行自我控制。在评价目标完成时，用绩效说话，而且评定方式采取上下结合，以自我测定为主，使个人不断认识自我，又不断改变自我，以促进个人素质、能力的锻炼。可见，在这一点上与计划管理有着不同的作用，这样做，能够更好地激发人们工作的兴趣和追求事业、成果的热情，把全体图书馆工作人员的情趣、精力，积极性集聚在目标实现这一焦点上，以发挥更大的系统能力。

第三节　高校图书馆目标管理的基础工作

任何工作的开展必须有其基本的条件。目标管理也是一样，必须建立其保障体系，否则目标管理只是一句空话。图书馆系统目标管理的保障基础是：

第一，建立目标管理组织的体系。包括决策机构、执行机构、考评机构一系列的网络组织。第二，实施“三定”管理形式。即有各项工作任务的定额，有对各个部、岗位、环节的人员定位（定岗），有按计划标准的人员定编,从而为计划目标的层层分解提供可行和合理的依据。第三,建立原始记录档案和统计制变。为目标实现提供全过程的活动资料,给考评、交流修正目标期望值提供参考依据。第四,制订各级各类型工作人员的工作规范。有利于实现工作标准化,以减少目标实施中因标准紊乱所出现的偏差,降低整个目标期望值中的内耗指数。①

一、目标管理的意义

目标管理是现代化管理方法之一,它是注重成果的工作方式,是建目标、定方针、搞计划、排日程、依靠和通过自觉行动与严格检查,在各自分担的工作范围内,保证既定目标实现的现代管理体制。这里所讲的目标是制订计划之后付出某些努力才能完成的改进目标,并非个人按现有能力就能容易完成的目标,图书馆应用目标管理方法,能增强工作人员的责任感,提高业务素质,有效地挖掘文献馆资源。其主要意义在于:

第一,改进领导方法、完善领导艺术。目标管理方法对现有的落后的不科学的管理方法以及单纯依靠行政手段管理图书馆的方法是一大冲击。目标管理将计划、指标层层分解、下放,组织成小指标、分解到个人,使人人都有自己努力的目标,职责分明,使人们为达到目标而专心致志地搞好本职工作,这能够有效地防止扯皮、推诿等官僚主义作风。对于图书馆领导者来说,目标管理能使领导从繁杂的事务性工作中解脱出来,抓实质性问题,定长远规划和决策,对于图书馆的不断稳定发展是极为有利的。

第二,明确职责范围、提高业务素质。目标管理将个人在一定时期内所要达到的目标(指标)分解到个人,明确职责、确定努力目标,便于考核、检查。人们为达到既定目标,必须改进工作方法和手段,刻苦钻研业务知识,这为提高全馆人员的业务素质提供了条件。

二、图书馆目标管理的实现

实现图书馆目标管理必须重点做好如下两项工作:

第一,科学合理地确定目标体系。图书馆全部管理活动以工作目标

①陆丹晨.高校图书馆管理的创新性研究[M].石家庄:河北人民出版社,2018.

的实现为中心,目标的制定、执行和实现目标的成果考核成为一条主线贯穿于管理的全过程,是工作计划执行、成果考核及对员工进行奖惩的依据和标准,只有建立了科学合理可行的目标体系,才能实现图书馆目标管理的目的,才能充分发挥这种新颖管理方法的效能。首先图书馆工作目标体系的确立必须立足于图书馆自身的性质,图书馆是一个服务性机构,具有教育和信息馆两大职能,是为广大读者服务,为教学科研服务,因此,在确立目标时要围绕图书馆自身性质进行,重点应以改进图书馆的服务手段、服务质量和有利于信息资源进一步开发利用为基础。其次,确立目标时,要以本馆自身条件为依据。制定者要对本馆文献资源状况、现代技术手段、设备条件、经费情况及人员的结构和素质进行客观的分析和评估。如对自身条件估计过高,确立的目标将成为纸上谈兵。相反,则不利于图书馆事业的发展,不利于充分发挥职工的能力,更不利于充分调动职工的积极性和创造性。

第二,加强人事管理,搞好人才的开发利用。这是关系到图书馆事业兴衰成败的大事,特别是在图书馆目标管理中,人事的管理、人力资源的开发利用尤为重要。因为图书馆目标管理强调的是工作和人的结合,要实现图书馆目标管理就必须充分认识和分析图书馆现有的人才结构现状,建立较为完美的管理办法,才可能看准人、选准人、用好人。

三、基础工作与图书馆目标管理的联系

(一)基础知识教育与图书馆目标管理的联系

基础知识教育是指为提高馆员的基本素质而进行的有关本职业、本岗位的职业道德、技术业务和纪律教育,其主要内容包括履行岗位责任制的应知应会教育、职工守则、馆规馆纪、安全卫生知识教育、目标管理基本理论和方法教育等。基础知识教育是图书馆推行目标管理的先导。

(二)标准化与图书馆目标管理的联系

标准化是以制订和贯彻统一的标准为核心的一系列活动过程,它是现代图书馆管理的重要手段。没有标准化,就没有专业化和高质量,就会给图书馆系统造成混乱。标准化与图书馆目标管理之间具有密切的

联系:第一,标准是目标的依据,即无论是确定目标还是考评目标都离不开标准。所谓标准是指对重复性事物和概念所作出的统一规定。它以科学、技术和图书馆实践经验的综合成果为基础,经有关方面充分协商同意,由公认的机构批准,以特定的形式发布,如《专利文献著录项目标准》《文献著录总则》《普通图书著录规则》《连续出版物著录规则》《公共图书馆建筑防火安全技术标准》等。标准一经确定,就在其规定的范围内成为大家共同遵循的准则,具有强烈的权威性和法制性。因此,确定目标必须以标准为前提和依据。第二,有些标准可以纳入目标体系,成为其重要组成部分。图书馆目标是在一定时间内预期达到的目的和成果的综合反映,其具体表现形式包括目标方针、目标项目和目标值三部分。其中大部分目标值实质上就是标准,或者说是将那些符合自己主观条件的标准转化成为目标值。

(三)责任制与图书馆目标管理的联系

责任制是以提高图书馆管理效益为中心,以正确处理图书馆、读者和馆员三者之间的利益关系为基本原则,明确规定图书馆系统内部各个部门及各类人员的职责和权限的一种管理制度。责任制与图书馆目标管理的内在联系表现在:第一,两者都是一种重要的管理制度,都要以正确处理图书馆、读者和馆员三者之间的利益关系为基本原则,以提高图书馆管理效益为出发点和归宿,以充分调动馆员的积极性为基本手段。第二,图书馆目标展开、分解以后,必须将目标责任落实到人,这就要以责任制作基本保证。正因为如此,才说责任制是图书馆目标管理基础工作的核心内容。

(四)信息工作与图书馆目标管理的联系

信息是管理的最基本要素之一,任何管理活动都离不开信息。同样,图书馆目标管理也离不开信息,比如确定目标需要获取大量信息为依据;展开目标需要加工处理信息;实施目标需要不断反馈分析信息;评价目标需要整理和存储信息。图书馆目标管理的过程就是信息的传递和变换过程。因此,信息工作是图书馆目标管理基础工作的重要内容,是使图书馆目标管理得以正常运转的纽带和桥梁。

四、目标的制定

目标的制定是重要的，目标管理的成败关键在于管理人员能否善于制订适合本馆实际的恰当目标。因为目标总是被认为是图书馆管理规划的终点，是人们携手共进的目的。在众多领域，目标是分等级，层层落实的，作为图书馆的目标，可分为总目标和子目标。总目标是馆领导依据党和国家的方针政策及文化发展战略，开发全馆人员的智慧，在一定的时期所要达到的目的与指标，总目标是衡量一个系统是做正功，还是做无功、虚功、负功的标准。而子目标是个人根据全馆共同目标而展开的明确图书馆各部门，和个人的具体化的职责和要求，它是总目标的展开，是实现总目标的关键。图书馆制定总目标和子目标必须体现如下要求：

（一）总目标的明确性

目标必须明确，期限明了，它是全馆人员努力的方向。目标的明确性是应值得重视的，它提供了评价整个图书馆一定时期的计划执行情况。丘奇曼指出科学管理人员要记住，“系统的总目标，特别是对整个系统进行测定”是非常重要的，目标越明确，则与部门和个人的切身利益关系越密切，积极性也就越高。

（二）总目标的简洁性

总目标的条款应突出重点，不宜冗长烦琐，主攻方向明确、简练，使人一目了然。

（三）总目标的预见性

科学和社会的进步，不断将图书馆推进到一个新的高度，图书馆自身的发展与社会科技发展息息相关。预见性的要求即图书馆总目标的高度深化性，它必须符合实际，又有未来发展的成分，它必须合理平衡和可行，不是好高骛远，不着边际。

（四）总目标的系统性

系统性要求总目标能体现和协调图书馆的各分系统，使纵横关系和分工协作的关系有机组合成一个完整的系统，这一要求是和图书馆所处环境相适应的，图书馆是当代社会的一个开放系统，它具有一个开放系统的全部特征，并和它所处的内部和外部的环境进行能量交换、信息交流。为此，总目标的系统性不容忽视。

（五）子目标的具体定量性

与总目标的简洁明确性相反，子目标的制定必须具体定量。具体的条款可由个人根据部门现状和个人业务素质条件自己制定，并经上级部门批准决定。子目标必须体现自愿原则，这样才能发挥个人的长处、特点、智慧和对工作的责任感，有利于最终检验目标，改善上下级的关系以便建立良好的相互信任合作的关系，协调子目标和总目标的关系。

（六）子目标的个人适应性

子目标是个人或图书馆分部门所制定的，同总目标的方向一致的计划和指标。子目标制定的优劣适应程度，直接影响总目标的实现，因此，子目标的制定应适应现有实际条件和个人业务能力，它必须合理，既有开拓创新意识，又具实现之条件。因为，子目标实现率越高，则总目标完成率也就越高。

（七）目标的适度性

目标是经过努力才能达到的，不经努力就容易达到的目标计划，不能算是目标。因为，它不能产生真正的效益和成果，为此目标必须适度，既不可过低，也不可过高。过低不能产生效果，过高目标不易完成，且使人丧失信心，人的能力、智慧、积极性受到限制。此外，制定目标还要考虑目标的阶段性、图书馆的现实状况发展条件、人员素质、设备优劣等因素，努力使目标的制定科学化、标准化。

五、目标的实施

目标的具体实施是图书馆实现既定目标的重要环节和程序，是目标执行过程中的控制管理工作，控制就是测定工作质量和数量，采取措施以纠正计划在实施中出现的偏差，保证任务的完成。目标的实施应做好以下工作。具体运作方法可以是：

(一)应开展人才结构的普查,建立人才库

应对图书馆现有人员进行一次全面的摸底普查,包括他们的专业技术水平、从业心理、个人爱好及他们的脾气、秉性特长等,确定各类人才等级标准,对号入座,发掘人才。在此基础上分层次建立人才库;为合理使用人才提供科学依据。

(二)围绕图书馆各工作目标需要,合理配置人才,科学使用人才

什么人适合干什么工作要有一个测验标准,什么工作由什么人干也要讲用人条件,达到二者的统一是科学用人的关键。目前图书馆界普遍还处在无论什么人都要有工作做这种简单的安排上,必须从业务工作需要和人才优势的最佳配合上研究人才的合理使用。一是要确定分层次的专业人才合理需要量;二是要对现有人才确定专业序号,对号入座;三是要在专业和人才连接基础上进行整体再组合。这样既充分考虑人才的专业配置,又有效地使本单位在整体上实现人才优化组合,达到人尽其才,才尽其用之效果。

(三)加强对在岗职工的继续教育

使其不断完善自身的知识结构,有效提高职工的素质。因为各种原因加上社会主义市场经济的冲击,部分能力强和水平高的人才已流出图书馆,现有图书馆职工队伍素质状况不是很理想,为了加快现代图书馆事业建设,实现图书馆现代化管理,就必须对现有职工加强素质教育,可通过讲座报告会、培训班、脱产进修等形式进行继续教育,以提高图书馆职工队伍的整体素质。如通过对职工进行政治思想素质教育,提高职业的爱岗敬业精神,稳定队伍,提高服务意识,改进服务态度;通过对职工进行专业知识水平、图书馆具体业务能力、现代技术手段的操作运用能力及图书馆的信息资源开发能力等方面的培训,促进职工业务素质的提高等。

(四)逐步实现聘任制,给职工增加压力,变压力为动力有利于管理

惰性是一切生灵与生俱来的一种秉性,人只有在不断克服惰性的过程中,才能不断战胜和完善自己,馆长应采取一些行之有效的手段来帮助员工实现这种自我完善。聘任制不失为一种有效手段,择优上岗,优胜劣汰,强化职工的上岗意识自觉地用职责来规范自己的言行,进而达到整体优化的目的。

(五)加强工作目标实现成果情况的考评工作

在考评的基础上,真正做到用考核机制来激励人,按工作完成程度建立定性和定量考核的等级标准,摆脱现有技术职称、行政职务、文化程度、人才长短的束缚,以贡献大小为唯一的尺度,按绩评等,有升有降,不搞终身制。图书馆的管理者在进行图书馆目标管理时,要充分认识到人事管理的重要性,要尽一切办法调动职工的积极性,让每一位职工能在各自的岗位上发挥才干,不断创新。

(六)系统内的信息馆纵横交流

图书馆作为一个系统,它的结构构成事物的要素间的耦合方式或联结方式,其总体表现为内部秩序,各系统的信息馆沟通与交流能协调各部门之间的工作衔接,达到目标的实现。

(七)分权化的管理

分权管理是目标管理过程的一个方面,它以明确的目标为前提,目标既定,就要明确分工,将权委交给下级成员,以便使上级抓重点工作,统筹全馆事务,总括管理。下级成员根据上级授予的权力,在一定的权限内承担责任,自我管理,努力达到目标。

六、目标的检验

按照所制定的目标来衡量一个时期实际取得的成效,是目标管理的最后环节。目标执行情况的检验有利于图书馆进行经济责任制的考评和奖惩规定的兑现。图书馆的各分系统如行政系统、参考系统、采编系统、期刊管理系统、流通系统、资料馆检索系统等都必须按照目标的执行完成情况,按规章进行考德、考绩、考纪的评判,奖勤罚懒,打破图书馆内部奖金的平均分配,激发工作人员的积极性、发挥独创性和主人翁精神。

目标的检验和考评,应以目标的最终执行完成结果上严格检查,并建立相应的组织体制,此外,目标的考评还要根据所定目标与现实的适度高低、目标完成的难易、个人完成目标的努力程度、产生的社会效益以及子目标在整体目标完成中的作用和影响等因素进行综合评判。具体步骤有,第一是目标完成的自我检查鉴定(列入目标、目标难易度、个人现实条件、努力步骤、执行情况、自我评鉴),写出总结报告。第二是根据自我评价与上级评价双重评定目标的执行情况。第三是将自我评价与上级考评作为业务成绩考核和晋升的依据。第四是图书馆和部门领导可就下级成员执行目标的优劣状况,写出业务指导表,指出成绩和不足,以便更好地执行完成下一个目标。

综上所述,在图书馆管理中运用目标管理这一现代化管理理论和方法,有利于图书馆内部的有序组织管理以及图书馆同外部的有机联络,对于建立开放的适应时代需要的现代化图书馆,对于挖掘文献馆信息,服务现代化建设,不失为一个好的管理方法。

第四节　高校图书馆目标管理的运行

一、运行目标管理的作用

(一)能够扩大图书馆系统能力

由于目标管理具有明确的目的和整体连锁体系的管理特点,使得图书馆系统的整体功能得到提高。这是因为:

(1)目标管理是以目标为中心,强调成果实现,通过目标分解、权力下放、自我控制等手段,可以把全体人员集中在实现总目标的目的之下,为此可以扩大系统内人员的内聚力。

(2)目标管理是一种目标连锁管理体系。其层层分解的纵向结构,以及互相协调的分目标之间的横向联系,可以保证图书馆系统的文献信息输入—存贮—利用这一功能转化链的畅通,减少业务工作中因吃大锅饭“守摊子”扯皮等不正常现象所造成的人为内耗,可提高功能转化链中的各个局部及整体的工作能力。

(3)目标管理的“目标连锁管理体系”,是一个动态循环的体系,通过目标制定到实施考评,进行目标期望值的修正,直至复返形成新的目标。它是在周而复始的循环中不断地修正和完善,特别是在这种循环过程中,针对各种社会环境的变化,读者用户需求的变化不断修正目标期望值,改革实施策略及方法,从而可以加强图书馆系统的社会适应能力和应变能力。

(4)目标管理运行自我控制,重视考评绩效,并对目标要求达到标准和考评方法、奖罚方式都具体规定,既可使各级人员明确自身的责、权、利,又由于责、权、利的统一可以刺激人的精神,其工作效率越大刺激量越大,而刺激量愈大、人的创造性、想象力愈高,工作绩效也就随之增大,从而形成“马太效应”。①

据此可见,通过目标管理所扩大的系统内聚力,是保证图书馆机构朝气蓬勃,团结向上的基础,目标的层层分解所发挥的局部能力,又为系统能量的集合扩大了系数,目标管理的循环体系所加强的适应能力,又为图书馆系统适应社会发展、创造新的社会效益提供了系统能力素质条件。目标管理的“自我控制”又刺激并扩大了图书馆工作者的工作热情及工作效率。而这种工作效率实质上是扩大了文献馆的转换和提供能力。为此可以说明,目标管理是扩大图书馆能力的有效管理方法。

(二)目标管理有助于加强管理信息的收集、处理及传递交流工作

由于目标管理重效益,而其目标绩效评定又是建立在原始记录和统计工作基础之上的。因此,目标评定的规范与制约,必然会促使各个项目工作做好原始记录与统计工作。这样,目标记录卡(表)将积累各项目标的统计数据及记录材料,这无疑是给领导提供决策的依据,同时,记录卡(表)记录的资料又给部门间、人际间提供了相互了解和认识的素材。加之,记录卡的组织管理形式,促使了工作信息、管理信息的交流,加大了相互反馈的范围,也加快了传递的频率。

---

①马杰.网络大数据信息处理平台的设计与实现[J].现代电子技术,2018(24):75-78,41.

（三）有助于聘任制的推行

目标管理在工作分配上强调定岗、定额、定编。为此，这种管理方式有利于业务、职务聘任制的推行。同时，工作人员的目标期望值的计量与考评，也正是对各类型图书馆人员的岗位、职位、业务适应性的测定。通过目标评定的绩效，既为调整人员结构比例提供依据，同时也为聘任工作中做到人尽其才，用其所长提供了直接鉴别的材料。

（四）提供了奖惩的科学依据

目标管理强调绩效，其绩效有着“量”和“质”的具体规范标准。这样，便于大家共同掌握考评尺度。同时也为奖勤罚懒提供了依据。为此，这种方法的实施是打破图书馆系统忽略员工绩效，统一给予酬劳这一陈年旧习的有效手段。

（五）关键性与全面性结合

确定目标时，既要从图书馆的基本任务出发，全面考虑，又要突出重点和关键性工作。所谓全面性，是指目标要能反映图书馆的全面工作，体现图书馆的基本任务，使下属的各个部门乃至各个人都有目标；所谓关键性，是指目标不能包罗万象，不能（也没有必要）把全部工作都列入目标，必须突出重点，抓主要矛盾。这样才不至于造成人力、财力、物力的过于分散与领导精力的过于分散。在有多个目标的情况下，要区分目标的主次，从资源分配上优先保证重点目标。

（六）灵活性与一致性结合

构成系统的各要素之间必须有合理的结构、有序的联系，才能使系统的整体功能得以发挥。因此，确定图书馆目标时，必须使本级目标同上级目标保持一致，使分目标与总目标保持一致，以保证上级目标和总目标的实现；同时还要从本级的实际出发，使目标具有一定的灵活性，要发挥本级的优势和长处，使目标有一定的弹性，能够适应未来的发展和信息环境的变化。这种灵活性与一致性的结合，既能保证上级目标的实现，又能充分发挥本级的主观能动性，提高图书馆管理绩效。

（七）可行性与挑战性结合

图书馆目标是激发和调动人们积极性的动力。目标没有挑战性，不用付出多大努力即唾手可得，就没有激励作用，也无助于提高馆员的能力；但如果目标定得过高，经过努力也无法达到，使人感到可望而不可即，又会使人们丧失信心，挫伤人们的积极性。因此只有把可行性与挑战性恰当地结合起来，才能发挥目标的激励作用，鼓舞和团结人们为之奋斗。

（八）具体化与定量化结合

图书馆目标不应该是一句空洞的口号，而是应该让人们看得见、摸得着，使人们在实施目标的过程中努力有方向，检查有依据，考核有标准。为此，目标应该明确、具体，尽量用定量的指标描述，如“藏书利用率达到80%”“图书分类误差率不超过0.5%”等。对于难以量化的目标，也应该尽量具体化，订出衡量的标准，便于实施和考核。例如，对于阅览室的工作人员，一般不宜用进阅览室的读者人次来衡量其工作业绩，但可以借助书刊丢失率、书刊破损率、环境卫生状况、书刊归架准确度、读者投诉人次等指标来间接考核其工作业绩。

（九）指令性与民主性结合

设定目标是图书馆领导者的重要职责，必须由领导者亲自决策。而且目标一旦确定，就必须坚决贯彻实施，务求实现，不允许有背离目标、同目标方向不一致的行动。这是设定图书馆目标过程中的指令性一面。但是，定图书馆目标又不是领导者一个人的事。任何领导者个人的能力、经验、智慧都是有限的，要顺利而正确地设定目标，必须依靠群体的智慧与才能。这既包括发挥智囊机构的作用，也包括发动下级管理者和广大群众参与目标的制定，走群众路线。

二、目标管理的运行实施步骤

运行目标管理，大致可分为制定目标、实施目标和目标评定三个阶段。

(一)制定目标阶段

目标管理是以制定目标开始的,它包括制定图书馆工作总目标,以及根据总目标自上而下各自制定部门目标和个人目标。这是用系统思想统筹、协调图书馆各级部门、各岗位人员之间的工作,围绕图书馆总目标而组成的纵横相关目标连锁体系。

1.图书馆机构总目标的确定

图书馆机构总目标是一定时期内全馆(所)各项工作和全体职工的奋斗方向和管理工作的目的,它是由馆长(所长)组织有关部门,根据实际,采取上下结合的方式来加以确定的,由于总目标是整体工作的要求规范和目的。因此,确定的总目标必须有严格的科学依据、内容和措施。

确定图书馆机构总目标的依据。目标是人们要求达到境地或标准,这种境地既是人们寻求的对象,也是人们进取的方向。所以目标具有方向的规定性,而目标又是众多人们学习或工作的标准,它的内涵也规定着要求达到的定量目标值,这种目标值既可能是知识信息量,也可能是产品生产量。因此,目标又有数量或指标的表现形式。根据目标这些特性,确定图书馆机构总目标的依据之一是:根据图书馆机构的总方针、任务来决定目标的方向。因为,方针任务是实现总目标的行动纲领,制定的目标必须在体现方针任务的基础上,才能使目标的方向正确。依据之二是:根据读者用户的需求及所在地区和单位的社会环境、经济发展形势,并在调查、收集资料、分析、预测发展趋势的基础上来确定目标。这样既可选择出主攻的点,又可使确定的目标符合“读者至上”的原则。依据之三是:必须根据本单位的人力物力,环境条件的实际来确定目标的内涵指标。使目标的期望值与工作人员情况、设备、经费、物资等客观条件相吻合,使目标既可行又实际。依据之四是:根据本单位的长远规划、中期计划来确定目标。

2.确定目标应遵循的原则

(1)整体性原则

即图书馆机构的总目标与各部门分目标及个人目标之间要相互结合、协调一致,而不能相互脱节互为矛盾。其具体要求是:其一,总目标从总到分,从上到下成为一个完整的目标连锁体系;其二,这一目标体系所包含的目标内容系统完整。

(2)可行性原则

即目标的高度要适当,既不能过高,也不能太低。应当是经过人们努力可以达到的。换句话说:应当按照"逐步加道工作量"的方法,将目标定在略高于执行者个人能力的水准上。这样,才能更好地激发人们的上进心和积极性。

(3)可评价性原则

目标应具有可考核和可评价的指标,即在制定目标的内容中,不仅要指出应完成的工作范围和名称,而且要把规定期限内应取得的成果尽量地用具体数据表示出来。对于那些难以或无法加以定置化的目标项目,一方面,要规定出具体、明确的要求;另一方面,还可采用按要求规范标准达到的程度进行定性评分,从而便于统一评定。

(4)针对性原则

无论图书馆机构的部门目标还是个人目标,都要抓住重点,分清主次不能把所有的日常管理工作包罗万象地罗列为目标。一般而言,部门和个人目标以三至五个为宜。

(5)动态平衡原则。

在目标管理中,确定的目标并不是一成不变的。其管理也不是僵化按部就班的,而是要根据图书馆系统的内部和外部的发展变化,适时地调整和修正目标,形成一个制定目标—实施目标—考评目标—重新修正、制定新目标的往返循环的动态连锁体系,从而不断提高系统的适应能力,应变能力。

3.图书馆管理的目标体系

所谓图书馆机构的目标体系是指由总目标、各部门的分目标和个人具体目标所构成的目标连锁体系。

4.图书馆目标体系结构层次

图书馆目标体系结构是连接各级目标的纽带。从纵向来看,它是树型模式,呈等级态;以横向来看,有并列的、邻接的、交织的关系。如:各部门目标在层次关系上是并列的，在目标内容上是邻接的，如采访部的目标内容与编目部目标内容，在文献处理工序上是上下邻接的，而编目部的目标项目及其部分内容与流通、咨询、期刊等部门目标内容趋交织的。为此可以看到，从目标的整体形式上是等级态的，而从目标的内容形式上是邻接交叉的，这种外在和内在的联系，形成了一个纵横交织的目标控制网。它纵横交织的层次与内容结构及其组织方式如下。

第一层次：总目标结构。图书馆的总目标结构，根据其内容可分为三大部分。其一是目标的方针与宗旨。即目标的制订依据，选定的行动方向，目标总的任务，需求解决的问题和重点。其二是目标的指标值（期望值），即规定实现目标的程度，具体可用文献资料的收集量、利用率、满足率以及文献加工处理的数据、质量系数、服务时间、次数、差错允许率等指标系数予以规定。其三是目标的保证措施，即为了实现计划指标而采取的对策与方案。

第二层次：分目标结构。分目标是各部门的目标，是总目标的细分化、具体化的表现。在总目标之下，具体可细分为行管部门目标、采访部门目标、编目部门目标、典藏部门目标、流通部门目标、阅览部门目标、咨询部门目标、图书管理部门目标等。各个部门的分目标是根据图书情报系统的功能转化链的形式予以确定的，即根据文献信息的收集—整理转换—提供使用的工作程序、文献内容揭示与读者利用的特定规范来确立的。所以，各部门目标之间有着本质上的联系，是一种相互协调、互为补充的职能分工，目标层次上是横向邻接的，目标内容上是纵向深入的。然而，各个部门分目标又各自自成系统。即分目标值具有各自特定的规范。如采访部以进书量、复本控制系数、数量与质量的吻合系数等为分目标值；编目部以文献加工量、差错允许率等为分目标值；阅览部、流通部以接待读者人次、开放时间、服务态度规范标准等为分目标值，如此等。

第三层次：个人目标层次。图书馆的个人目标是目标结构中的最低层次，同时也是部门分目标的具体化。它包括各个岗位具体的人员、具体的工作量、权限范围、职责义务、达到标准等。

5. 目标的构成

从目标的内容来看有两个具体部分，可用下面的表达式表示。目标=(目标)项目+达到标准。表达式中的项目是指目标中的具体项目，也是具体的工作内容。例如“著录”可作为一个目标项目，“分类”也可作为一个目标项目。

表达式中的达到标准就是要求和期望达到的绩效。表示绩效有两种形式：一是能够用定量形式计量的项目用数字来表示，如分编图书的计时定量、差错允许率；另一种标准的绩效表现形式是定性评分，即规定那些无法用硬指标反映工作情况的目标项目，可采取分级评分法首先规定三至五个级别，每一个级别达到什么标准要求，按级记分。总之，确定的达到标准必须是直接或间接的。与提高图书馆的资源利用效益有关。同时，必须在同类型图书馆内具有中等以上的水准。

6. 图书馆目标的制定步骤

一般来说，图书馆可按以下步骤来设定目标：

(1)正确理解图书馆的整体目标，并向下属传达目标与方针。目标管理的指导原则之一，是每个管理人员都要承担帮助上级实现目标的责任。换句话说，图书馆每一个管理人员在他的上级的目标中，都有他的一部分活动。为了达成图书馆的整体目标，首先应由图书馆决策层确定目标和方针，其次下属由此决定自己的目标。如果图书馆决策层不能向下属明确传达整体目标和方针，那么下属因不了解图书馆的目标，不仅工作的积极性会受到挫折，而且在理解部门目标及制定个人目标时也可能出现偏差。

(2)在设定自身目标前，充分进行横向讨论。下属设定目标前，应注意理解上级的目标及方针，并与横向的关联人员进行充分讨论。只有经过充分讨论，明确了相互之间的关系，才算真正做好了设定自身目标前的准备工作。

(3)下属设定自身的目标(部门或个人目标)。经过上面的步骤后，下属就可以开始设定自身的目标了。但下属在设定自身的目标时，一定要注意自身的目标必须与上级的目标相关联，而不能是孤立的。只有这样，图书馆目标管理才会因一级一级目标的实现而取得预期的效果。在设定目标时，如果需要上级的支持，也应该同时间向主管明确表示。

（4）进行纵向讨论，检查是否与上级目标一致。虽然目标最后由本人自主设定，但这并不是说目标设定了以后就可以一劳永逸。不光自己要时时检查设定的目标与上级目标是否一致，上级也要时时检查各个目标是否与整体目标相关联。如果设定的目标不切实际，上级还要与该员工进行深入而诚恳的讨论，并在相互了解的基础上加以调整。

（5）列出可能遇到的问题，并找出相应的解决方法。这一步骤容易被忽略，但实际上它对于图书馆目标的顺利达成很重要。所谓有备无患，制定目标时应该具备风险意识，也就是对目标在实施过程中可能出现的问题、障碍制定应急预案。

（6）列出实现目标所需要的技能和知识。在所有影响图书馆目标实现的因素中，人的因素始终是第一位的。但这并不是说每个人都能胜任实现目标的工作，实现目标离不开必要的技能和知识。就像打仗的时候需要列出那些必备的武器一样，在这里先列出所需要的技能和知识，然后有针对性地去加以补充，两者的道理其实是一样的。

（7）列出为达到目标所必需的合作对象和外部资源。图书馆活动并不是孤立进行的，而是在与许多外部组织发生相互作用的过程中展开的，如出版社、图书公司、书店、其他图书馆、科研部门、企业、主管部门等，就常与图书馆发生联系。有时，图书馆的目标直接来自相关部门（如企业委托咨询课题），因此要达到目标，必然少不了相关部门的合作与支持，甚至要利用一些必要的外部资源（如馆际互借）。

（8）确定目标体系。整理图书馆整个目标体系，不但易于明了各目标之间的关系，也便于让图书馆管理人员做调整，同时也可以对各个目标的关系位置一目了然，提升员工个人的参与感。

（9）确定目标完成的日期并对目标予以书面化。目标制定的关键之一就是其完成日期。在目标制定之后，还要用书面形式确定下来，这是图书馆目标管理规范化的一种表现。对目标加以书面化以后，不仅不会引起疑虑和争论，而且有利于目标检查和工作考核，也便于目标的修订。

此外,目标书面化一定要落实到专人专项,最好是让下属自己将最终确定的工作目标进行整理,做成两份正式的书面材料,一份留给自己作为后续工作的参考;另一份交给上级主管,以此对员工的工作进行检查。

步骤一,由馆(所)长制定图书馆总目标。即由馆(所)长根据上级在主管部门下达的任务和所收集的原有数据资料,在分析基础上提出目标设想,在广泛听取馆务会及群众意见后,协商确定总目标。

步骤二,馆(所)长将制定的总目标规划向下一级宣布,作为各级部门制定分目标的依据。

步骤三,各部门在充分了解上级目标之后,在上级指导和共同协商下,紧紧围绕上级目标的实现,制定自己部门的分目标及保证措施。

步骤四,制定个人具体目标和保证措施。

步骤五,在各部门分目标和个人具体目标制定的基础上,由馆(所)长和馆务会、部门负责人统一进行一次纵向(各级之间)和横向(部门之间、人之间)的协调和整,使各目标之间彼此取得平衡,步调一致,形成一个可以保证图书管理总目标实现的目标协调控制网络。

(二)实施目标阶段

图书馆的目标确定之后,也就进入实施阶段,这一阶段是目标管理的决定性环节。在这一阶段中的主要工作内容是逐级授权,实行自我控制。特别是要打破那种靠上级说了算的旧的工作作风,依靠执行者的自主管理,让部门、个人围绕制定的目标,独立自主地进行生产和工作,上级只对一些较大问题进行监督、指导和帮助。在这阶段中,一定要抓好以下几项工作。

1.根据确定的目标、权力逐级下放,执行者负有实现目标的权、责,充分让目标执行者在自我控制下进行工作。

2.做好目标实施中上下级和平级之间的信息资料的收集和交流,并对下级进行必要的指导和协调。

3.监督下级主动承担义务,同时要为下级创造良好的工作条件。

4.在目标实施过程中,当个人目标与全馆(所)目标的实施工作发生矛盾时,全馆目标第一,与部门的关系是协调第一,与读者的关系是读者第一。同时,上级要主动同下级一起协商处理,摆正位置。

5.建立目标实施记录卡(表),随时填写目标实施进度,以便各级随时检查,及时纠正偏差。

(三)目标评定阶段

目标管理,特别强调成果,重视成果评定,当目标实施活动按计划期限完成后,应及时对实际取得的成果做出评价,以便总结经验教训,找出绘距,改进工作,更好地为制订和完成下期目标而努力。

成果评定工作,要贯彻执行自我评定与上级评定相结合,并以自我评定为主的原对每项目标的达到程度、复杂程度、努力程度这三个基本因素进行综合评定。在评定过程中,以达到程度为重点,即以绩效指标为主,以客观结构条件指标为辅,把成果评定同人事考核、表彰、奖惩有效地结合起来。其评价方法如下。

目标达到程度是通过达到率来进行计算的。所谓达到率是实际成绩与目标期望值的比率。其表达是:目标达到率=(实际成绩值/目标期值)×100%。

式中的实际成绩值与目标期望值在图书情报机构目标管理中的具体应用和表现有两种形式:一是可定量的数量形式,二是不可定量但可定性的评分形式。第一种形式可直接根据绩效指标评分予以计算,而第二种形式则必须按照既定的规范要求,通过定性分析的同行评议来评分予以计算,由于这种定性的评价方法没有具体的“硬指标”,容易受到参加评价人员的实践经验和认识水平的限制,成果的评价好坏和奖励等级,完全取决于参加评审几个人的认识水平的高低和他们意见的一致性。因此,它不可避免地会出现人为的误差。

为了使目标评价科学化、精确化,就要求由定性分析占较大成分的同行评议转向定量分析。为此,这里介绍一种“目标成果达到程度的综合评价方法”。

(1)每项目标,规定其数量与质量的标准值及其相对应的得分数。如规定采编部的文献加工数量标准:2000册,记100分;质量标准:采购无差错验收无差错,分类差错允许率为4%、加工差错率为0.1%,按时定期注销，进行新书月通报、人员出勤率达到95%，不脱岗串摊，安全生产等各项质量及其他要求，共计100分。再如浏览部，其目标数量标准可为接待读者人次多少，开放时间多少等对应记100分。质量标准按工序环节达到规范要求等对应记100分。

(2)明确每人在各自的目标项目中应承担的任务指标，采用工作日记形式，自我记录，自我考核。

第四章　全面质量管理创新下的高校图书馆

第一节　高校图书馆全面质量管理的依据

在图书馆中的质量管理是指全面的质量管理。全面质量管理亦称综合质量管理，简称TQC，这是20世纪60年代开始采用的一种先进管理方法。全面质量管理方法最初是在发达国家工业企业中实施，后来被世界各国广泛采用。在我国大中型企业也都设有全面质量管理机构，为提高产品质量发挥了重要作用。国外已有图书馆将全面质量管理引入图书馆管理工作中，并产生了很好的效果。在我国图书馆界开展和推广质量管理，不失为一种改进图书馆管理，提高图书馆服务质量的重要方法。随着图书馆事业的不断发展，高校图书馆的各项工作也在不断进步。但如何将质量管理与组织管理过程结合起来，对图书馆所有工作环节和工作程序进行全面质量管理，以满足读者不断变化的文献信息需求，适应高校图书馆发展的需要，成为高校图书馆关注和值得探讨的重要课题。

一、图书馆质量管理的概念与特点

（一）图书馆质量管理的概念

近年来，中国加速推进了高等教育大众化进程，根据教育部规划，每一个地级市，都应有一所高校，为服务地方经济建设培养应用型创新人才。教育部《普通高校图书馆规程（修订）》指出，"高等学校图书馆的建设应与学校的建设和发展相适应，其水平是学校总体水平的重要标志"。在图书馆管理的大好形势下，图书馆加快了改革和发展的步伐，经过几年的努力，在服务设施、文献资源建设、读者工作、自动化建设等方面均达到了评估标准。然而，现在的评估指标体系中主要指标大多只有数量要求,没有质量要求,如它对服务质量只提出"使用效果好"的总体目标,缺乏测评细则。因此,积极探索出一套既符合图书馆管理原则、又便于操作的科学系统的质量管理体系,及早地发现问题并及时解决,是提升图书馆管理及服务质量的重要途径,是适应高校图书馆发展,实现人才培养目标的重要保证。

所谓质量,指的是一种产品或一种服务对需求的满足程度。图书馆的质量是以其读者的满意程度来衡量的。因为每个图书馆的使用者对资料的需求范围和专业化程度均不相同,所以图书馆的质量并非要求其效率要达到最高水平。但图书馆的质量应该达到对读者的适用性,使读者能始终可信地接受其所提供的服务,使读者尽可能地满意。

全面质量管理,指的是为达到某种质量标准所进行的各种活动。实际上就是把质量管理作为整个单位、整个管理过程和全体人员参加的活动,使其成为一个有机整体,将全部管理工作都纳入提高质量的轨迹。①

图书馆全面质量管理,是以向用户和读者提供满意的服务为目的,以图书馆各部门和全体职工为主体,以数理统计方法为基本手段,贯穿于图书馆活动的全过程,最经济地保证和提高工作质量和服务质量的科学管理方法。图书馆质量管理不是指用某些具体的方法来考核和改进服务质量,而是指对图书馆的整个管理结构进行考核和改进。它由组织结构、管理方法和程序及一些实现质量管理的必要措施组成。系统化的质量管理主要包括以下几个方面:①确定任务和目标,使大家明白应该做些什么;②按确定的任务和目标组织实施;③开展读者需求的调查及图书馆效率的测量和评估;④分析调查和测量的结果,总结经验,找出不足,进行改进。

(二)图书馆质量管理的特点

在图书馆实行全面质量管理具有明显的特点,主要表现为:第一,全面质量管理是全员管理。不仅图书馆领导,而且每个图书馆工作人员乃至读者都要参与图书馆工作的质量管理。通过实行全面质量管理,可使全体工作人员树立起质量意识,自觉提高服务质量。第二,全面质量管

①杨琳.高校图书馆管理与阅读服务模式创新[M].长春:吉林人民出版社,2019.

理是全过程管理。在图书馆工作的全过程自始至终都要实行质量管理，不但在初始规划阶段，而且在调查研究阶段，执行任务阶段以及检查效果阶段等每一个阶段和每一个环节都要实行科学管理。第三，全面质量管理是事前预防管理。它要求采用先进手段对图书馆工作过程的每个环节、每道工序都进行预防性的质量控制，把差错消灭在萌芽状态，而不是等出现了差错再去纠正。第四，全面质量管理是以数据为依据的管理。它以数理统计为主要手段，一切用数据说话，通过读者调查、效率测量和评估等科学方法进行管理。第五，全面质量管理是以用户和读者的满意程度作为衡量质量标准的管理。

因此，衡量图书馆工作人员不仅是看图书馆所采用的服务手段如何先进，或者所能提供的信息含量如何丰富，而且是应把用户的需求看成最高标准。对图书馆而言，用户可以是读者，也可以是内部其他部门，如编目是采访的用户，流通又是编目的用户。在各项工作过程中，后一道工序可视为前一道工序的用户，为用户和读者服务是全面质量管理的基本点，高标准和严要求是全面质量管理的出发点。

（三）高校图书馆全面质量管理体系构建的理论依据

质量管理是“一种不断提高雇员参与意识并以顾客需要为中心的体系”，图书馆全面质量管理的概念可以表述为，图书馆以全面质量为中心，以各部门、各层次和全体员工参与为基础，通过综合运用现代管理技术、专业技术和现代化设备，建立健全质量保证体系，对各个业务流程的设计和运行进行全面控制，做到以最经济的方式提供给读者最满意的信息产品与信息服务，使读者、图书馆的全体员工和社会都受益，从而达到长期成功的管理途径。就图书馆服务而言，其质量主要体现在两个层面，即满足双重需求：一是满足自身可持续发展的需求，图书馆服务要与时俱进，紧跟学校发展步伐，朝着科学、合理、高效的方向发展。二是满足用户即全校师生读者、社会化服务对象的信息服务需求和潜在需求。

（四）构建高校图书馆全面质量管理体系的思考

长期以来，图书馆质量管理缺乏规范、统一的标准。高校图书馆可借鉴ISO9000思想及其体系标准来建立管理体系，按照标准严格衡量其质量，促进馆内员工重视加强服务环节，努力提升服务质量，使图书馆管理更完善、更规范、运行更有效。

1.高校图书馆引入ISO9000构建质量管理体系的可能性

ISO9000标准是国际标准化组织在1987年3月制定并颁布的关于质量管理和质量保证的系列标准，是对全面质量管理研究成果的标准化的结晶。

早在20世纪90年代初，欧美一些国家便开始将ISO9000标准引入图书馆界，并开展了一系列理论研究和实践探索，如俄勒冈州立大学图书馆、乔治亚理工学院图书馆、哈佛大学图书馆等在实行全面质量管理实践中积累了很多经验。中国图书馆关于这方面的研究起步较晚，始于21世纪初。目前，正逐渐成为研究热点，越来越多的高校图书馆将这种管理体系纳入其科学管理体系中。海南大学图书馆是中国第一家以图书馆为独立机构并通过质量认证的大学图书馆，7年多的质量管理实践证明，高校图书馆管理引入ISO9000标准是现实可行的。江苏海事职业技术学院图书馆引入ISO9000质量标准至今已有8年，实践证明建立图书馆质量管理体系并持续运行，确实提高了图书馆的管理质量和用户满意度。2011年杭州图书馆正式启动了ISO9000质量管理体系认证工作，在运行中不断总结经验和探讨相关问题并进行完善，证明了质量管理体系对图书馆质量管理提升的价值是显著的。因此，充分吸纳先进的管理理念，构建高校图书馆质量管理体系，能最大限度地满足读者需求，确保图书馆事业可持续发展。

2.高校图书馆全面质量管理体系构建的基本步骤

第一，建立领导机构。一般由馆长担任领导小组组长，副馆长为副组长，各部门负责人为小组成员。主要任务是统一思想，让全体员工明确实行全面质量管理的意义和作用。确定本馆质量管理目标、质量标准，协调部门之间的关系，制订有关管理政策和措施，总结实践管理的经验和理论，建立规范化、科学化的质量管理运行机制。

第二，制定程序文件。质量体系文件是审核的依据、质量改进的保障以及培训全体馆员的教材。ISO9000标准强调质量管理体系的建立、健全要从编制、完善质量管理体系文件开始。可以在标准体系的总框架下，以图书馆业务工作管理的具体需求和适用度决定编制文件的数量、内容的详略。在分析所有工作流程的基础上，明确各岗位的工作方法和实施步骤，确认各部门对工作接口的处理方法与责任，制订出覆盖所有过程的质量方针、质量目标，将工作程序文件化。编制出《质量管理手册》《程序文件》《管理制度》等一整套管理体系文件，并对馆内全体员工加强培训，要求每一位员工以较快的速度理解和掌握，并有效地贯彻实施。

第三，明确岗位职责。图书馆全面质量管理就是以工作与服务质量为中心，要求每一位馆员坚持“读者至上”的宗旨，按照质量体系的相关要求，认真执行责任制度，切实履行岗位职能，逐层落实岗位目标，明确岗位职责。既确保每个成员分工明确、各尽其职，又使各项工作相互衔接、紧密配合，最大限度地满足读者的文献信息需求与期望。

第四，建立详尽记录。ISO9000质量管理体系强化的是一个质量管理过程，因此，对馆员的每项工作过程，尤其是与质量有关的关键环节、完成情况要有详细的质量记录，记录应保持清晰，便于识别和检索，并确保数据和信息具有足够的精确度、可靠性和可获取性。质量记录的收集、外类、统计、分析、归档，可说明质量管理体系的执行及运行是否有效，并为体系的改进提供科学的依据。

第五，实行绩效考核。基于过程管理的ISO9000质量管理体系是一个按照计划(Plan)—实施(Do)—检查(Check)—行动(Action)处理进行的PDCA闭环管理，各个环节是相互联系缺一不可的，通过详细的质量记录，以事实和数据为依据，将质量目标的考核纳入阶段性或年终考核、评优评先、质量奖惩等指标体系中，从而对每位员工履职的过程作出客观、公正的评价，以便形成良性循环，达到工作质量的螺旋式上升，保证质量管理体系的有效实施。

3.高校图书馆全面质量管理体系构建的基本内容

第一，信息资源质量管理。随着数字化和网络化的迅猛发展，网络信息大量涌现，读者对文献信息需求的质量越来越高，范围越来越广。

文献信息资源是高校图书馆开展信息服务的核心，其数量和质量直接影响着服务质量和利用效率。因此注重信息资源（纸质文献、电子文献及其他载体文献）的采访、分编、典藏和流通等业务流程的质量管理，遵循规范化原则、系统性原则、特色化原则，才能充分体现“以读者为中心”的理念，满足读者不断增长的信息需求。

第二，人力资源质量管理。在整个高校图书馆工作中，人是最积极最重要的因素，因此人力资源质量管理是全面质量管理体系中重要的组成部分。图书馆服务过程是馆员与读者的接触过程，馆员的素质、能力及水平直接关系到服务的质量和水平，也是确保全面质量管理体系有效运行的前提。一般高校图书馆一线窗口非在编人员居多，在文化素养、学历层次、业务技能及职称等方面均不尽如人意。因此，加强馆员培训是保证图书馆各项工作整体运行的暂行措施，为实现长远目标，要采取有效的激励措施，保护现有的专业人才，吸引适应高校图书馆发展的高级人才，促进图书馆馆员队伍综合能力和整体素质的提高。

第三，信息服务质量管理。高校图书馆所提供的最重要的产品就是服务，包括对师生读者的服务和社会化服务，其服务质量是整个质量管理的核心部分，是体现质量管理的特色部分。应开展多种层次多种方式的读者服务工作，可通过编制推荐书目、导读书目，举办书刊展评等多种方式进行阅读辅导。通过开设文献信息检索与利用课程以及其他多种手段，进行信息素质教育。积极开展参考咨询、文献信息定题检索、课题成果查新、信息编译和分析研究、最新文献报道等信息服务工作。图书馆信息服务必须建立在读者的需求、向往和期望的基础上，质量如何最终应由读者来决定。关于高校图书馆服务质量评价体系构建的研究，许多业界专家、学者提出了很多模式，对信息服务质量的管理具有一定的现实意义和指导意义。

二、图书馆质量管理的方法与实施

（一）图书馆质量管理的方法

全面质量管理的基本工作形式是采用循环法。它是由美国统计学家、管理专家爱·戴明(W.E.Deming)博士提出的,并运用于全面质量管理活动之中。

PDCA是英文Plan(计划)、DO(实施)、Check(检查)、Action(总结、处理)四个词的首字母的缩写。PDCA循环在日本称为“藏明”环。PDCA循环法的基本思想是,做任何一项工作首先要有一个计划,然后按计划的要求去执行,执行中要检查,执行结果要做出总结、处理,并通过工作循环一步一步地提高工作质量和服务水平,由PDCA循环法的连环转化步步紧扣提高。将PDCA循环法贯穿于图书馆工作的各个环节,是提高工作质量的有效手段。PDCA循环法的基本原理是:环环相套,相互促进,周而复始,不断循环。其要点是:

(1)大环套小环,小环保大环,环环相套,相互促进。这就是说,图书馆是一个大循环系统,各部门是一个中循环系统,个人是一个小循环系统。大循环系统的计划任务,通过中循环系统和小循环系统予以落实,小循环系统和中循环系统要保证大循环系统目标的实现,各循环系统计划的实施均按PDCA循环步骤予以循环。从而组成一个环环相扣,逐级分层,严密协调的有机整体。

(2)从实际出发,讲求实效。PDCA循环法强调首先从分析本单位现状入手,找出产生质量问题的原因和影响因素,然后针对原因制订计划,采取措施加以解决,使计划实施能取得实际效果。

(3)不断循环,不断提高。PDCA循环法的特点是:循环必须不停顿地进行,周而复始,每循环一次,解决一些质量问题,使工作质量和服务质量提高一步,紧接着在此基础上又制订新的目标和计划,开始新的循环。要达到不断循环不断提高的目的,必须加强每一次循环的质量分析与处理,及时推广经验,研究解决存在的问题,并将经验教训与管理措施纳入新的质量标准和制度中去,以确保循环与提高的连续性。

(二)图书馆质量管理的实施

实施全面质量管理包括四个阶段、八个步骤。

第一阶段:计划(Plan)阶段。这一阶段具体分为四个步骤。①收集资料,分析现状,找出存在的质量问题;②分析产生质量问题的各种原因或影响因素;③找出影响质量问题的主要原因;④确定管理点,制订措施计划。

第二阶段:实施(Do)阶段。就是具体组织执行所制订的工作计划和任务。

第三阶段:检查(Check)阶段。就是检查执行计划的结果,并与计划目标相比较,进行效果调查,及时了解计划实施中出现的问题。

第四阶段:处理总结(Action)阶段。

这一阶段包括两个步骤。①针对产生的问题,提出解决的办法,总结经验与教训,并将经验教训纳入有关标准、制度、规定中,以巩固和推广成功的经验,避免重犯质量错误。②找出尚未解决的问题,转入下一个循环中继续解决。

实施全面质量管理常用的统计方法主要有:①排列图法。是从影响图书馆的许多因素中找出主要因素的一种坐标图。利用它可以分清主次,抓住质量管理的关键因素,对症下药。②直方图法。是将抽样调查所取得的全部数据加以系统整理,分为若干组,以组距为底边,以与频数成比例的面积构成的矩形图。它是通过对图形的观察与分析,判断和预测出工序的精确度、质量及其变化情况,以进行适当调整和有效控制。③管理图法。用于分析和判断工序是否处于稳定状态,并带有管理界限的曲线图。④因果分析图法。是查明影响质量的一种重要方法,其做法是:针对某一项工作的质量问题,通过发动群众,从各方面寻找原因,然后将各种原因或因素画在一张图面上,标明这一原因与那一原因之间、原因与结果之间、结果与结果之间的各种关系,从中找出影响工作质量的主要原因或因素,进而采取相应措施。相关图法,是画有对应关系的两种数据的坐标图。它可以有目的地去控制影响质量的各种相关因素,从而保证质量。

经过分析认为,影响服务态度的因素有外部因素和内部因素。外部因素主要来自读者和环境:一是个别读者的行为素质差,对工作人员蛮不讲理,或者因为读者不了解馆里的具体情况和规章制度,从而对工作人员发脾气,引起工作人员的服务态度恶化;二是馆舍小,灯光暗,使工作人员产生心理压抑和急躁情绪,影响服务态度等。内部因素主要包括工作人员本身和馆内的规章制度两个方面:一是工作人员的思想、业务、行为素质的好坏,都直接影响到服务态度;二是规章制度的不科学或不健全,使工作人员无所适从也会影响服务态度。

唯物辩证法认为,内因是基础,外因是变化的条件。结合实际,进一步分析认为影响"服务态度"的主要原因是工作人员的思想素质。于是就针对这一问题进行分析,制订相应的对策措施。

经过努力实施,P阶段制订的"解决服务态度"这一目标达到了。最后进行总结、处理,转入第三个循环。每一次PDCA循环,基本上都是按照四个阶段,八个步骤进行,均提高了工作质量和服务质量。

三、图书馆质量管理中应注意的问题

图书馆在开展质量管理的过程中,应注意以下几点:

(一)要考虑计划的可预见变化因素

实施质量管理的第一步,就是制订质量管理计划。要制订出符合图书馆实际需要和发展的质量管理计划,不仅要正视现实,量力而行,而且要把些可以预见的变化因素考虑进去,使计划具有一定的前瞻性。比如:逐步改变图书馆的职能,从以文献信息的收藏为主过渡到以信息咨询服务为主;图书馆计算机系统软、硬件的选择和更新升级;建设具有一定特色的文献资源专题数据库和开拓新的服务项目;不断增加电子出版物的收藏,切实解决由传统图书馆向电子化图书馆过渡所带来的一系列问题等。

(二)要确定工作规范标准,健全质量管理责任制度

图书馆的质量管理计划,必须由具体的实施措施来落实,这就需要建立必要的工作规范标准和质量管理责任制度。要提高图书馆的服务质量,首先要保证工作质量,这是图书馆质量管理的基础工作,特别是工作质量贯穿于文献资源收集、整理、利用的功能转化过程中,它是组织和协调各个环节质量活动的制动因素。其次要使各个职能部门忠实履行各自的质量责任,就需要相应的标准和制度来保证。确定工作规范标

准,包括规定各个岗位的工作内容、职责权限、质量标准、工作指标、误差允许率,并规定操作流程、技术方法和考核项目,实现业务技术标准化和工序规范化。质量管理责任制度,包括规定各部门、各环节、各工序、各岗位的工作质量职责、指标与任务;规定保证质量应遵循的条例和准则;制订质量指标完成、提高、下降的奖惩条例等。

(三)要设立质量管理组织机构,形成质量信息反馈系统

制订出质量管理计划后,必须按计划将任务分解,组织各部门实施,使计划落到实处。这就需要有一个能有效地完成预定目标和目的的组织机构。这一机构可以是图书馆原有的部门科室,也可以是临时性的组织机构。其主要职能是:①统一组织、协调全馆质量管理活动;②检查督促及指导各部门、各环节、各工序的质量管理工作;③开展质量教育和规范教育,提高全体工作人员的质量意识,使职工牢固树立“质量第一”“用户至上”的观念,并加强对工作人员的质量管理方法与技能培训;④建立质量管理信息档案,收集各个环节的工作质量数据与情报资料,了解和掌握影响质量变化的因素,采取多种方式,形成通畅的质量信息反馈系统,并将质量反馈信息进行综合分析,为领导控制质量、调整部署、修正目标提供依据。

(四)要运用数理统计的方法进行效率测量和评估

图书馆实施质量管理活动后,必须检查实施效果,掌握工作效率提高读者对图书馆的满意程度。因此,除了进行读者调查来了解读者的需求和对图书馆的满意程度外,还必须运用数理统计方法,从质和量方面对所做的工作作出评估。如通过统计各个服务部门与岗位的读者到馆率、阅读率、文献利用率、文献揭示报道率、机读数据有效检索率、咨询回答率、时间利用率、查重率、查准率、误检率、文献丢失率和能源耗费率等一系列数据,就能够科学地了解图书馆文献信息提供过程中服务能力与用户读者的利用率和需求满足率相符合的水平。同时,还要将全面质量管理开展前后的统计数据作对比,从而测量出实施质量管理后图书馆工作效率的提高状况。统计分析是图书馆进行质量管理的重要组成部分,运用统计方法可以科学地检查质量管理活动的全过程,总结经验、找出

差距，为开展新一轮的PDCA循环提供可靠的数据和依据。

高校图书馆全面质量管理体系的科学构建和有效实施，可使图书馆管理水平得到提升，进而提升馆员的质量意识，从而大幅度提高服务质量。实施后每年至少需进行一次内部质量审核，发现不合格项目要责成相关部门查找原因并采取措施及时纠正，直至符合质量体系要求，确保读者服务质量持续改进和图书馆质量管理体系的不断完善，推动高校图书馆逐步适应升格为高校图书馆的发展。

第二节　高校图书馆全面质量管理的要素

一、高校图书馆全面质量管理的原则

（一）全面质量管理原则

所谓全面，就是说，管理不但是业务上的管理，而且还要在政治思想上、书刊资料上、库房设备上、规章制度上、机构体制上、工作组织上、经费开支上以及工作人员的配备、培养和教育上等许多方面都实行科学管理，保证全面的高质量。

所谓全面，就是说，在图书馆工作的全过程自始至终都要实行科学管理，不但在初始规划阶段，而且在调查研究阶段、执行任务阶段以及检查效果阶段等每一个阶段都要实行科学管理。不仅如此，就是在每一个阶段中每道工序上也都要实行科学管理。

所谓“全面”，就是说，不但馆长要管理，而且部主任、班组长以至每个馆员乃至读者都要参加图书馆工作的管理，即实行民主管理或称作管理民主化。至于说到质量，则是与数量相对而言的。管理过程虽然要抓住数量（例如各种量、率等），但是更重要的是应注重质量上的要求。光抓数量不抓质量，结果什么也抓不到，搞不好。道理很简单。例如，质量不高甚至很差的图书（这主要指那些读者很少用或者根本不需要的书，例如研究甘蔗栽培法的书对于航海院校的学生）收藏得再多有什么用？

分编得再准、再快有谁去套找？其上架再及时有谁去借？或者相反，读者非常急需的书但分编不准甚至错误，读者因此而查找不便甚至检索不到，这种数量有什么价值？因此，管理要保证质量，在保证质量的前提下追求数量，提高效率。①

（二）集中统一管理原则

集中统一，这是社会主义图书馆事业实行科学管理的重要原则，它完全符合列宁关于社会主义图书馆事业建设的基本思想。列宁把集中管理图书馆事业称为建立有计划的图书馆网的最完善的形式。1918年6月7日列宁起草的人民委员会《关于建立图书馆事业》的决议中建议教育人民委员部迅速“采取最有效的措施……对俄国图书馆事业实行集中管理”。

从管理学角度看，没有集中就势必分散，分散多头，就缺乏全局和整体观点，结果就无统一可言。离开了集中统一管理，就直接违背了系统论中的集体性原则，导致各项工作无法协调。

集中统一，它包括两个方面，其一是对图书馆事业的建设要进行集中管理。只有集中了，才能便于协调全国各系统、各地区、各类型图书馆的工作，才能统一大家的步调，才能有目的地规划和布局全国的图书馆，从而组成图书馆网，并为将来建立全国的自动化检索网打下基础。当然，这种集中统一并不是束缚各系统各类型图书馆的手脚，而是有助于进一步发挥它们的积极性。其二是对图书馆业务工作实行集中管理。只有集中了，才能在全国图书馆的范围内推行业务工作的规格化和标准化，例如统一分类和集中编目等。

在贯彻集中统一管理原则的时候，要正确处理好党的领导作用和业务管理工作的关系。实践证明，不断完善和健全党组织领导下的馆长负责制是行之有效的制度。

要真正实行集中统一管理，还必须形成管理权威。当然，管理权威是在长期管理的实践中形成起来的，它是由善于听取并采纳群众的正确意见和合理化建议，依靠大家的智慧作出正确决策的人们组成的。这样

①孔瑞林．高校图书馆阅读推广研究[M]．济南：山东教育出版社，2019.

的管理权威才名副其实，才能把集中统一管理和民主管理有机地结合起来，团结、率领大家，干好工作。

（三）民主管理原则

社会主义图书馆科学管理的显著特点是民主管理。就是吸收图书馆工作人员和读者参与图书馆的管理工作，倾听他们的意见，采纳他们的合理化建议，充分发挥人民群众的主人翁作用。实行民主管理，有助于克服官僚主义和避免形式主义，有助于加强图书馆同社会需要之间的联系。

列宁曾经强调，必须反对一切死板公式和想由上面规定统一办法的企图……无论是死板公式或者由上面规定统一办法，都是与民主的、社会主义的集中制毫无共同之点。列宁这一观点，对包括管理图书馆在内的一切管理活动都是适用的。

实行民主管理，就要牢固树立民主管理的思想，并在组织上形成一种制度，成立相应的机构，例如，建立图书馆民主管理委员会，由馆长、各部主任和馆员群众代表组成一个业务咨询机构；实行职工代表大会力制度；健全工会组织，逐渐实行民主选举馆内领导人等。总之，作为馆长分工负责制的一种补充，民主管理机构将参与图书馆管理中有关问题的调查、讨论以至实行必要的监督。

（四）计划管理原则

根据经济发展规律，图书馆的科学管理也应该实行计划管理。它的发展既不能超越经济基础的许可程度，也不能长期落后于经济发展的实际水平。要想发展就必须同它相适应。就图书馆本身而言，同样地，要按照一定的计划去发展，而不能盲目地发展。这已为许多事实所证明。

（五）经济管理原则

注重经济效果，就要注重研究如何科学地使用人力、物力、财力并充分发挥它们的作用，建立起一个最优化的藏书系统以及与之相适应的各种合理的规章制度和条例等，核心问题是用最少的经费购买到读者最需要的书刊资料，用最经济的手段对它们进行加工整理，用最快的速度或最短的时间向读者提供文献资料，并使它们在读者手中发挥最大效用。尽量节省人力和最有效地使用人民的劳动。为此，要以效果好、收效早、投资少为目标。

(六)计量、标准管理原则

这一条包括定标管理、定额管理、计量管理和标准化管理。所谓定标管理，就是根据图书馆的总任务和工作计划，规定每一个图书馆工作人员在相对的某一段时间里要达到的目标，完成时间以及考核方式，定期检查、评比，并依此予以奖励或批评的办法。所谓定额管理，就是规定一个工作人员在单位时间里必须完成的一定工作量，要保质保量完成任务，超额的有奖，没完成的受罚的管理办法。当然，无论定标管理还是定额管理，都要从实际情况出发，不能定得过高，也不能定得太低。所谓计量管理，就是通过数据对工作的进度和效果进行分析、考察。要真正实行这种管理办法，还必须建立一整套的统计制度和数据分析法。实行标准化管理，就要使一切工作都符合一定的标准、规格，使工作走上规范化的轨道。

很显然，实行了定标、定额，计量和标准化管理，工作就有了具体的目标，就有了考查的依据，就能保证大家出工出力、保质保量、提高工效。实行定额管理办法，需要许多条件，例如思想觉悟、经济力量、技术能力、人力资源、设备条件等诸多方面的相互配合方能奏效。此外，我们应当指出，定额管理在图书馆业务工作中的适用范围还不是很宽，对于那些比较简单的、具体的、可数的业务工作是实用的，而对于那些比较复杂的、抽象的、不可数的业务工作，就很难实行定额管理。

到目前为止，在实行或部分实行定额管理的图书馆当中，由于计量方法不甚科学、统计指标也欠精确、数据众多、手续烦琐，所以实际效果不太理想，有待于进一步研究改进。我们相信，定额管理既然在工矿企业的生产当中能够获得成功，在图书馆的工作中也一定能取得成效。

(七)关注用户

全面质量管理认为：一个组织的服务质量是由顾客满意程度决定的，能否吸引顾客直接关系着组织的生存和发展。

Dalon Ke-hoe执行的一项研究表明：96%不愉快的顾客从不抱怨，但90%不愉快的顾客从此不再回头，并且每个人至少会把不愉快的经历告诉7个人；13%的人会把不愉快的经历至少告诉20个人；吸引一个新顾客比保留一个现有顾客要多花五倍的时间、精力和财力；每一个愉快的顾客会将其经历至少告诉5个人。

因此，图书馆应始终以用户为关注焦点，将理解和满足用户要求作为考虑和安排一切工作的出发点。由于用户的需求是不断变化的，因此，图书馆不但要理解用户当前的需求，还应预测用户未来的需求，满足并争取超越用户的期望。如图书馆卡片目录不但可以通过书名、著者、主题、分类四种途径帮助用户找到所需要的图书，还通过“参照”和“相关参照”为用户提供了其他有用线索，这就是超越用户期望的一种努力。

以用户为关注焦点可建立起图书馆对用户的快速反应机制，增强用户的满意度和改进用户的忠诚度，并为图书馆带来更大的效益。

（八）全员参与

人是管理活动的主体，也是管理活动的客体。人的积极性、主观能动性、创造性的充分发挥，人的素质的全面发展和提高，既是有效管理的基本前提，也是有效管理应达到的效果之一。

“图书馆员是图书馆事业的灵魂”，是苏联杰出的教育家克鲁普斯卡娅在她的《列宁论图书馆工作》一文中提出的，图书馆员是图书馆之本。图书馆的全面质量管理只有通过图书馆内各职能、各层次人员的充分参与，才能形成个人人关心服务质量、人人为服务质量负责的良好环境，才能保证达到既定目标。而全员参与的核心是调动图书馆员的积极性，当每个人的才干得到充分发挥并能实现创新和持续改进时，图书馆用户将会获得最大收益。

尽管图书馆按职能的不同划分为若干部门，但各项服务之间却都存在着直接或间接的关系。同时，任何一项服务也往往是由多名图书馆人员共同承担的。因此，图书馆全面质量管理特别强调服务中的相互协调和配合，倡导不同部门或同一部门的图书馆人员共同解决部门中或部门间存在的服务质量问题。

二、图书馆全面质量管理的要素

图书馆要实施全面质量管理,必须坚持以下几点,或者说图书馆全面质量管理是由以下几个要素构成的。

(一)一个目标:持续改进

持续改进服务质量应当是图书馆追求的一个永恒目标。

随着环境的变化、社会的发展,以及技术上的巨大突破,用户对图书馆的要求是不断变化的。可以说,用户对图书馆服务提出了越来越高的要求。他们渴望从图书馆获得更多样化、更高质量的服务。因此,图书馆应建立一种适应机制,积极对外界环境的这种变化作出反应,增强图书馆的适应能力并提高竞争力,这种机制就是持续改进。

持续改进是图书馆增强满足用户要求的能力的循环活动,通过PDCA循环不断改进图书馆服务质量,确保用户满意,同时也向社会证明自身存在的价值。

(二)三个支持要素

1.领导重视

为用户提供满意的服务构成了图书馆的宗旨,图书馆服务实现及有关的活动形成了图书馆的运作方向。只有当图书馆的运作方向与图书馆的宗旨相一致时,图书馆才能实现其目标。

图书馆管理者的作用就在于确立图书馆的宗旨和方向并保持其一致性,创造一个全体员工能充分参与实现图书馆目标的内部氛围和环境。因此,来自图书馆馆长及其他管理者的支持对于全面质量管理的实施是非常重要的。戴明认为:有来自上层管理者的牢固承诺,是(实施全面质量管理)最重要的一步。朱兰发现:如果没有高层领导的支持和理解,即使员工知道如何把持续改进的概念应用于他们工作过程的分析中,改进也不可能普及。Guyst也指出:质量改进应从最高层开始,如果高层管理者对质量管理没兴趣,甚至排斥它,那么即使图书馆员有良好的愿望和热情,承诺提供优质服务,质量改进)也不会取得完全成功。此外,高层管理者不重视全面质量管理,也会给其他人员对质量不负责提供借口。

2.教育和培训

对图书馆员进行专业知识和有关全面质量管理知识、技能的培训是实施全面质量管理必不可少的一个要素,因为“那些实施全面质量管理而没有收到效果的组织,其失败的一个重要原因就是急功近利,缺乏对工作人员进行适当的培训。一个有效的全面质量管理过程需要高强度的培训给以保证”。

通过培训,一方面,会加深图书馆员对改进质量、为用户提供优质服务的理解和认识,为全面质量管理活动奠定思想基础;另一方面,有助于图书馆员熟练掌握全面质量管理活动所需要的多种方法和技巧,为持续改进提供技术支持。“用户对图书馆服务质量的要求是不断提升的,而培训则能帮助图书馆创造追求质量改进的框架和结构”。

3.绩效测量

“不能测量,就无法了解;不能了解,就无法控制;不能控制,就不能改进”。因此,作为以持续改进为目标的图书馆全面质量管理,自然就强调对服务绩效的测量。通过评价服务质量,明确问题之所在,进而找到改进的机会。

图书馆全面质量管理不仅强调服务过程的评价,而且对服务结果的测量也被放到了同等重要的位置。正是通过这种全面的测量、控制和改进,才保证了整个图书馆服务质量的完美无缺。

(三)对质量的全面承诺

在全面质量管理中,“全面”一词特别重要,因为图书馆若想实施全面质量管理,首先要做的就是进行全面承诺。图书馆高层管理者必须充分承诺执行全面质量管理工作的原则,并且这一承诺要在整个图书馆中表现出来。戴明认为,来自上层管理者的牢固承诺是最重要的步骤。Guyst Clair也指出:质量进程应从最高层开始,除非高层管理者接受质量管理的概念,并鼓励整个组织采纳它,否则即使有良好的愿望、热情、馆员对优质服务的承诺,质量进程也不会取得完全成功。高层管理者不深深涉入全面质量管理,将给其他工作人员不充分承诺提供好的借口。图书馆管理者要保证为全面质量管理计划提供必需的资源,通过全面质量管理为用户提供所有的产品和服务,认真检查、研究图书馆所有的工作程序和过程,从而找出质量不高的原因,而不是从员工身上找原因。应在整个图书馆中普及全面质量管理这种共同语言,增强全面质量意识,让人们不仅能自如使用,而且能满腔热情地承担责任,从而使承诺弥漫于整个图书馆之中。

对全面质量管理的全面承诺还要反映在图书馆的使命、愿景声明、长短期目标中,战略计划也应强化这一承诺。在图书馆开展关于全面质量管理的哲学、期望和利益的有效交流是一项必不可少的程序,图书馆高层管理者在准备的最初阶段就应充分利用这一举措,通过宣传栏、小册子、简报等形式宣传有关全面质量管理的知识,使其遍布图书馆的每一个角落。

(四)以用户为导向的服务

全面质量管理认为:一个组织的质量是由顾客满意程度所决定的。当一个组织把为顾客提供满意的服务作为使命时,它自然会在实施全面质量管理中获益。长期以来,图书馆就是社会最好的服务组织之一,图书馆员一直把为用户服务作为工作哲学。然而,随着环境的变化、社会的发展以及技术上的突破,用户对图书馆的要求也在不断发生着变化,可以说,用户对图书情报服务提出了越来越高的要求,他们渴望从图书馆获得更多样化、更高级的产品和服务。因此,作为以服务为导向的组织,图书馆只有对这种不断变化的需求作出反应,不断改进服务质量,为用户提供满意的服务,才能保持自身的存在和发展。

全面质量管理强调对外部顾客(用户)的关注,但也要对内部顾客,也就是图书馆工作人员的需求给予同等关注,这也正是全面质量管理优于其他管理方法的特征之一。全面质量管理认为:图书馆工作人员是图书馆最重要的资源,为用户提供满意的服务从根本上说是来自高素质的图书馆工作人员的工作,因此,为他们提供自身发展所需要的机会和条件,是图书馆成功的关键。

作为全面质量管理的一部分,图书馆应对其所处的环境有一个整体了解，也就是说对用户满意水平要进行经常调查，从而了解他们不断变化的需求，并通过各种努力加以满足，只有这样，图书馆才能繁荣发展。

(五)消除重复工作

全面质量管理的主要原则之一是把工作做得更好和为用户提供增值产品和服务。图书情报人员应明白他们的工作是与用户的需求直接相连的，他们应常常自问“我们正在为我们的用户做正确的事情吗?”“如果没有，我们如何能改进我们的工作过程呢?”“为什么我们要做这项工作，它将对谁有益呢?”等问题，而不是不加思考地一味埋头按固有方式做固有的工作。

全面质量管理要求图书馆根据用户需求，简化工作过程，使一些不必要的工序被取消，并且保证工作一次性做好，消除返工的可能性。因为修正以前所犯的错误、重做无用工作以及不会给产品或服务增值的工作，不但会导致巨大的人力、财力、物力浪费，而且不会给用户带来任何利益。据统计，在一个图书馆中，重复工作所造成的花费相当于整个开支的20%。改进工作流程所必需的技巧之一是进行工作抽样，各种抽样方法对检查现在工作活动中是否存在错误，或不合理的地方是很有帮助的。

三、图书馆实施全面质量管理的意义

图书馆实施全面质量管理的意义主要表现在以下几个方面：

(一)打破图书馆部门间的障碍

对任何组织来说，都存在着两种障碍：内部障碍和外部障碍。外部障碍是指存在于组织和它的提供者、用户之间的障碍；内部障碍是指组织内部部门之间的障碍。Howard 和 Shelly Gitlow 曾指出：造成组织障碍的原因包括竞争、缺少交流、缺乏永久性目的、对各个服务部门在整个组织中的地位缺乏了解、个人的贪婪和嫉妒。

像其他高度结构化的组织一样，图书馆也按功能划分为若干个部门，分别负责整体任务的某一个方面，如采购、分类、编目等。这种部门化的长期存在很容易使不同部门的图书馆员形成“我们”和“你们”的区分，在考虑问题和开展工作时，不是从图书馆整体角度出发，以大局为重，而是仅为自己所在部门着想。此外，这种部门化的格局也使每个部门成为各自独立的小单位，在近乎封闭的环境中按照自己的工作方式自行运作，“虽然它们之间常常相互提供服务，但有时并不真正了解彼此在做什么”。这种弊端最终影响着整个图书馆任务和目标的实现。就像公共服务部门和技术服务部门之间常常存在的冲突一样，“公共服务部门的图书馆员常常抱怨技术服务部门所选的主题标目不符合用户需要；而技术服务部门的图书馆员则抱怨他们缺少交流渠道。如果他们在参考桌旁花时间了解用户和服务部门图书馆员的需要，就没有足够的时间编目了；如果大家能坐在一起共同商讨图书馆计划，或修改馆藏发展政策，问题就好办多了”。全面质量管理提倡团队工作，建议同一部门或跨部门的人员组成质量改进团队，以共同解决运作中的问题。这样做，既可以增进不同部门间图书馆员的相互了解，明确各自工作的重要性，又可以避免在错误发生时，相互推诿，推卸责任。

（二）以用户为重心

传统的管理方法常常以维持现状为重心，其座右铭是“如果没出问题，就保持现状”。全面质量管理则把重心转向服务的持续改进，信奉“即使没出问题，也要不断改进”。因此，实施全面质量管理的图书馆不再仅仅满足于达到某一质量标准，好了还要更好，永无止境地追求更高质量，满足并超越用户不断变化的需求才是图书馆的最终目标。

（三）强化了图书馆员工的自我实现意识

除了用户，图书馆员工也是全面质量管理的极大受益者。图书馆全面质量管理除了通过教育、培训为图书馆员提供自我发展的机会和条件外，还要求图书馆管理者给予图书馆员工充分的权力，使他们可以有效地为用户提供服务并及时解决服务中出现的问题。教育和培训所带来的素质提高，授权所激发出的责任感、主动性和积极性，无疑增强了图书馆员工在不断改进服务质量过程中获得的成就感和满足感，向自我实现迈出了最关键的一步。

第三节　高校图书馆全面质量管理模型和实践

所谓图书馆全面质量管理模型,就是指以简化形式描述图书馆全面质量管理的特征和变化规律的一种现象,它由与图书馆全面质量管理有关的主要因素构成,并表明这些相关因素之间的关系,从而为全面质量管理的实施提供具体的指导和方法。

我们根据一些在实践中获得成功的全面质量管理模型,构造出了一个适用于我国图书馆的全面质量管理框架。

一、美国哈佛大学图书馆的全面质量管理模型

1991年秋,美国哈佛大学图书馆开始实施全面质量管理。"员工和组织发展领航委员会"(Steering Committee Oil Staff and Oranzational Development)提出了支持哈佛大学图书馆全面质量管理的关键要素并在此基础上,构架了图书馆全面质量管理模型。支持全面质量管理实施的要素有如下几点。

第一,领航委员会。领航委员会的任务包括:研究全面质量管理在学术图书馆中的应用;为图书馆人员提供有关全面质量管理的阅读资料;与其他对全面质量管理感兴趣的图书馆交换资料。具体来说有这几个方面:①标杆学习。研究其他组织实施全面质量管理的情况,确定学习标杆。②培训。参加"哈佛质量流程问题解决培训班"。培训的内容包括组织会议的技巧、与会人员相互启发和达成一致意见的技巧。③交流。制订一个有广泛群众基础的交流计划,如利用快报及时向图书馆员工报道领航委员会的活动;召开全面质量管理的全员会议;与其他对全面质量管理有兴趣的图书馆交流经验和体会;与哈佛大学图书馆领导定期面谈、汇报工作进展等。①

第二,领导。高层领导者全力支持全面质量管理的实施。他们鼓励图书馆员工"重新界定价值观",形成新的组织文化;还为制订战略计划、

①满世忠. 论高校图书馆阅读指导工作[J]. 新西部(理论版),2013(08):106-107.

组建质量团队、进行培训提供种种便利条件;并利用交际广的优势,促使标杆学习的开展。

第三,交流。交流是实施全面质量管理的黏合剂。图书馆利用正式和非正式渠道,交流有关全面质量管理的信息。

第四,培训。图书馆采用由"受训者再去培训其他人员"的"瀑布式"教学方式,在整个图书馆中普及全面质量管理的知识和技巧。

第五,工具和流程。利用全面质量管理工具,如流程图、因果图、标杆学习等改进服务过程。

第六,认同和奖励。加强服务绩效评价,对在全面质量管理活动中取得优异成绩和有突出贡献的员工给予表扬和奖励。

哈佛大学图书馆全面质量管理模型的核心是战略计划,它规定和指导着模型三大功能模块——图书馆计划、跨功能管理和日常操作的展开。

图书馆计划的内容包括三个部分:①陈述图书馆全面质量管理的长期目标和当前目标;②明确质量改进团队的结构和任务;③指出改进服务质量的方法,如用户调查、改进服务过程、解决质量问题等跨功能管理是跨部门委员会的职责,委员会由来自图书馆不同部门的人员组成,他们通过执行用户调查,通过界定图书馆供应者与图书馆之间以及图书馆各部门之间的业务关系,保证图书馆整个供需过程顺畅衔接。

由图书馆员工组成的多个质量改进团队负责在日常操作中不断改进服务质量,解决服务中存在的问题,从而为用户提供满意的服务。

交流弥散在整个模型之中,贯穿于图书馆全面质量管理的全过程。正是通过各种形式的交流,三大功能模块之间、战略计划和三大功能模块之间才建立起了顺畅的信息传递和反馈机制,保证了图书馆全面质量管理的顺利进行。

二、美国3M公司信息中心的全面质量管理模型

整个模型由战略计划、员工参与、员工绩效评估、用户参与、用户满意评估、环境评估和制订改进计划七个阶段构成。其中战略计划处于模型的中心,指导着其他六个阶段的活动,同时也根据六个阶段的反馈信息,不断进行修改和调整,以适应不断变化的形势的需要。

(一)第一阶段:制订战略计划

计划包括下列内容:①操作单位和成本;②业务范围及现状;③发展趋势;④可供选择的资源;⑤使命声明;⑥成功的关键因素——用户;⑦2006年3M信息中心蓝图。

第一,关键问题及相应战略。关键问题有两个:①服务需求不断增长;②对服务质量的期望不断提高。第二,相应战略。①了解用户期望;②测量用户对中心服务的满意程度;③加强电子信息服务;④风险评估;⑤投资要求;⑥测量成功的指标。

(二)第二阶段:员工参与

员工参与是全面质量管理成功的一个关键要素。为了做到这一点,3M信息中心采取了多种方法,如广泛开展各种交流;对员工授权;部门会议讨论计划前,将计划发给每个员工,征求意见;鼓励员工参加小型跨功能头脑风暴会议,提出改进想法,并展开讨论。

(三)第三阶段:评估员工绩效

在3M信息中心,评估员工绩效已成为用工制度的一个组成部分。中心为每个工作岗位制定了岗位标准和要求,员工不仅应具有从事自己工作的良好素质,还要具备胜任其他工作岗位的潜质。员工若在当前的岗位上表现突出,就有机会升迁到更重要的岗位上去。此外,中心还根据员工的季度、年度工作绩效决定是否继续聘用,或转到其他更合适的岗位上去。在评估中,参加培训、补充最新知识和技能也是一项重要的考察内容。3M信息中心要求员工每年平均参加80小时的继续教育。

(四)第四阶段:用户参与

3M信息中心将用户参与看作是制订和实施全面质量管理计划的重心。中心通过问卷调查和访问,了解用户对中心服务的看法,收集到的信息作为制订战略计划和改进策略的基础。

(五)第五阶段:用户满意评估

中心全面质量管理的第五个阶段是评估用户满意程度。3M信息中心调查了用户对参考服务、电子信息服务等的满意程度。

（六）第六阶段：环境评估

在实施全面质量管理时，对外部环境进行评估也是非常重要的。评估环境的活动主要包括：了解其他公司信息机构的业绩和工作方式，确立标杆学习的目标；参加各种信息会议；收集全面质量管理文献；了解其他重要的环境因素，如技术的现状及发展趋势（如因特网）、信息法律问题，特别是电子环境下的版权问题。

（七）第七阶段：制订改进计划

在前六个阶段工作的基础上，制订具体的服务质量改进计划，并付诸实施。模型形成一个环路，表明服务质量的改进将持续不断地进行下去。

三、Peter Brophy 和 Kate Coulling 的图书馆全面质量管理模型

Peter Brophy 和 Kate Coulling 提出的图书馆全面质量管理模型由五个步骤构成。

第一步：承诺。即上至高层管理者，下至一般图书馆员工都对全面质量管理过程进行承诺，保证把全面质量管理长期执行下去。此外，图书馆管理者还要充分估计实施全面质量管理所需要的时间、财力、物力和员工的努力。这期间，交流起着催化和沟通的作用。

第二步：远景规划。承诺后，就要开始明确图书馆通过实施全面质量管理所要达到的目的制订在今后的两年、五年、甚至十年时间内图书馆的发展方向。远景规划会为图书馆所有员工提供信心、决心和努力的目标。

第三步：建立团队。通过创建团队，使大家共同面对真正的问题，提出可行的解决办法，并保证实施。

第四步：质量审核。质量审核就是进行“差距分析”，据此决定图书馆的质量改进从何处入手。质量审核应遵循如下步骤：①图书馆的目的是什么？明确提供的服务或产品了吗？有使命声明吗？从声明中，可以确定行动的先后顺序吗？已使用其他方式确认成功的关键因素或服务

的关键方面了吗？②图书馆对用户需求的了解程度如何？这种需求可以用量化的方式表示出来吗？图书馆的用户是谁？他们的需求是相似的还是冲突的？如果是后者，冲突表现在哪些方面？用户如何理解质量？明确图书馆各部门之间的供需关系吗？用户的要求是什么？如何知道？③质量成本是什么？能确认发生返工的环节吗？把质量成本转嫁到用户身上了吗？能找到质量成本的具体例子吗？④持续改进是图书馆组织文化的一部分吗？有测量服务改进的机制吗？在制订计划和实施计划的过程中，如何了解用户的抱怨和建议？有证据显示用户抱怨和建议已在改进中起作用了吗？⑤改进后的流程运行状况如何？每个流程都有专人负责吗？每个流程及其改进情况都始终如一地以文件的形式记录下来了吗？当出问题时，忽视它？纠正它？纠正它并修改流程，使其不再发生？⑥始终如一地测量当前的绩效了吗？有一套与用户需求相一致的服务绩效测量指标体系吗？设置目标了吗？有达到目标的期限吗？图书馆的目标和用户的要求一致吗？对质量的“硬件”(如服务、产品的数量)和“软件”(如员工态度)都进行测量了吗？有证据表明是在测量的基础上采取的行动吗？⑦测量质量的工具合适吗？使用统计技巧了吗？如何测量的？员工明白测量的重要性吗？⑧对员工进行充分培训了吗？对所有新员工进行正式的就职培训了吗？所有员工都明白质量的含义吗？如何了解员工对培训的需求？⑨如何与其他图书馆进行比较？使用某种类型的标杆学习了吗？利用标杆学习获得了改进想法吗？对照标杆进行自我评价了吗？

第五步：行动。这是最后一步，常常也是最困难的一步。因为正是在这一阶段，要求员工从惯有的做事方式(这种做事方式可能已沿袭了很多年)转变为持续改进。

四、我国图书馆的全面质量管理模型

(一)战略明确

实施全面质量管理的图书馆具有一个特点，即有明确的服务战略，了解自己努力的方向和目标。服务战略规定了图书馆未来的发展方向，决定着图书馆全体人员的工作准则和价值取向。由于图书馆的资源是有限的,这决定了图书馆只能为有限的用户提供有限的服务,无限制的扩大服务范围最终只会导致资源不合理的利用、服务质量低下。因此,如何界定自己的服务范围,如何由此合理配置图书馆的人力、物力和财力,把有限的资源集中在真正会满足用户需求的业务上是图书馆需要解决的头等大事。

在当前竞争激烈、资源有限的形势下,加强服务的差异化建设应成为我国图书馆的战略选择。所谓图书馆的服务差异化战略就是指图书馆通过突出自己与竞争对手(包括图书馆以及其他信息服务性机构)在服务上的差异性在全行业范围内树立起别具一格的服务特色与形象,当用户的服务需求特征与图书馆的服务优势相吻合时,用户就会更倾向于选择具有这一差异性特征的图书馆。

服务差异化可以体现在服务的可靠性、反应性、可信度、关注度、有形性等服务质量属性上,也可以通过服务环境、服务项目等来实现。不同类型的图书馆应根据自身的实际情况,选择合适的服务差异化战略,并在人才招聘、资源配置、对外宣传等方面相应地与这一战略目标达成一致。

(二)退出

在许多情况下,图书馆撤销某些缺少用户或不受用户欢迎的服务是明智之举,但是由于竞争意识缺乏,或者习惯安于现状,这一方案经常被忽视。

因此,图书馆在实施全面质量管理的过程中,必须站在用户需求的角度,重新审视与评价原有的服务项目,做到有选择的退出、有目标的改变,将资源集中于优势服务项目上。

(三)巩固

巩固战略是指图书馆在现有服务范围内,尽量扩大服务的利用率,也可称之为渗透战略。图书馆可以通过宣传自身的服务特色,吸引现实用户更多地利用图书馆。服务巩固战略尤其适用于现实用户对图书馆服务项目不甚了解的状况。

(四)服务开发

随着环境的变化,用户的服务需求也会随之改变。因此,图书馆必须在现有人力、资金、技术的基础上,开发新的服务项目。在条件允许的情况下,图书馆应遵循"图书馆是一个生长着的有机体"的规律,根据用户需求不断开发与更新服务项目。

(五)用户渗透

用户渗透战略是指图书馆不仅要注重与现实用户的关系,还要时刻注意发掘潜在用户,通过吸引潜在用户尝试性地利用图书馆,用满意的服务将他们转变为图书馆的忠诚使用者。这一战略的目的是扩大用户群,提高图书馆在用户心目中的地位。

(六)创新

服务开展得很成功的图书馆一般都注重创新战略。创新战略的实质是吸引潜在用户与现实用户利用图书馆新的服务项目,充分满足他们的潜在需求,实现高满意度。

由于服务特色化战略的实现是建立在图书馆可用资源基础之上的,因此,在选取战略实现方向时,图书馆就必须界定和明确服务对象是现实用户,抑或现实用户和潜在用户两者兼而有之,退出、巩固、服务开发战略方向是针对现实用户的,而用户渗透、创新则旨在潜在用户。对于各方面条件都具备的图书馆,可以通过强化上述五个方面,实现服务特色化。但由于我国绝大多数图书馆都处于经费不足、其他资源有限的状况,因此,根据实际,选择其中某一个或某几个方向推进服务的特色化建设也许是更为明智的选择。

此外,在选择服务战略方向时,图书馆应把重点放在现实用户身上,力争为他们提供优质的服务。一个常被引用的统计数字是:争取一个新顾客比保有一个老顾客平均要多花5~15倍的成本。

第四节 高校图书馆全面质量管理体系的建立

全面质量管理(TOM)起源于美国,后来在其他一些工业发达国家开始推行。日本在20世纪60年代以后推行全面质量管理并取得丰硕成果,从而引起世界各国关注,现在,全面质量管理已广泛应用于企业、政府、军队、教育以及包括图书馆在内的非营利机构。

全面质量管理是以人为本的管理模式,它强调全过程、全部门和全员的质量管理,并重视科学方法和工具的运用,包括从早期常用的因果图、排列图、直方图、控制图、散布图、分层图、调查表,到现在流行的关联图法、系统图法、矩阵数据分析法、标杆法等新工具。全面质量管理注重合作、协调、交流以及持续不断改善的管理过程。20世纪80年代后期以来,全面质量管理得到进一步深化,逐渐由一般的质量管理发展成为综合全面的经营管理方式和理念。

根据1994版ISO9000标准中对全面质量管理的定义:一个组织以质量为中心,以全员参与为基础,目的在于通过让顾客满意和本组织所有成员及社会受益而达到长期成功的管理途径。可以说,ISO9000系列是全面质量管理思想的一种延续,但两者并不完全相同,ISO9000强调文件化,而全面质量管理更重视方法和工具,ISO9000可比较、可检查、可操作,能够进行国际通用的认证,而全面质量管理则没有统一的规范。[①]

从20世纪80年代开始,一些图书馆开始引进全面质量管理模式。陈丽凤在《全面质量管理与行销管理在图书馆之应用》一文中,详细介绍了国际图书馆界开展全面质量管理的进展情况,并认为实施全面质量管理有助于整合各种图书馆管理方式,使图书馆发挥最大效能,对图书馆有正面且具体的意义。罗曼在《图书馆全面质量管理(TOM)模型研究》中介绍了国外几种图书馆全面质量管理模型,并归纳出它们的一些共同点:①战略规划起着核心作用;②形成以质量为中心的组织文化;③关注

①周甜甜. 高校图书馆管理与读者服务研究[M]. 延吉:延边大学出版社,2019.

用户;④以团队形式确保图书馆全员参与;⑤培训和交流起润滑剂作用。作者针对这些模式在深入微观层面、解决具体问题等方面的不足,在借鉴国外图书馆全面质量管理模型的基础上,自行设计了一个宏观与微观兼顾的框架。作为一种新的有效管理模式,全面质量管理已经得到国内外图书馆学者的广泛认同。

国际图书馆界采用全面质量管理的例子很多,哈佛大学图书馆、俄勒冈州立大学图书馆和台北市立图书馆等都成功地应用该管理模式提高了自己的管理和服务水平。如台北市立图书馆建立了各种业务与服务项目标准,同时依据ISO作业标准的要求,建立了质量手册、作业程序书及工作说明书。由于全面质量管理不是短期就可以看到成效的,有的图书馆选择比较容易成功的或问题较多亟待解决的项目先做,如俄勒冈州立大学图书馆开始时先解决如何改进图书上架速度,和理顺文件处理流程两大问题,上海图书馆选择物业管理实施ISO9000并通过了认证,并编辑出版了《图书馆物业管理实施2000版ISO9001标准实用指南》(上海科技文献出版社,2002年),也有的为树立标杆体系开展全面质量管理的调研,如肯塔基州路易丝维尔市的一个医院图书馆进行了一项用户调研,向医生、护士和医疗辅助人员散发了2091份调查表,项目包括利用图书馆的频率、信息对临床诊断的作用等。结果表明,88%的医生认为图书馆信息提高了他们的医疗质量,69%的护士和58%的医疗辅助人员认为图书馆对提高护理质量起到了积极作用,但他们利用图书馆的频率比医生低,图书馆根据这些数据,重新调整标杆体系,为有效开展全面质量管理打下良好的基础。

国际图书馆界在实施全面质量管理方面有很多成功的经验,也有不少值得吸取的教训。有些做法虽然在企业能够获得成功,但在图书馆未必会有成效。如英国政府在20世纪90年代曾经要求各公共部门为提升管理与服务的质量,普遍推行ISO9000系列和Charter Mark(表彰优质公共服务)指标体系,但经过一段时间的实践,发现如下3个方面的问题:①这些规范不适用于公共部门;②在质量的词汇和概念方面很难体现这些公共部门的价值观;③有关信息提供的伦理没有反映在质量模式之中。因此,英国图书馆界开始探索自行设计新的规范,于是大英图书馆研究与创新中心邀请擅长于质量管理和标杆管理的专家开发了一套新的体系,即图书馆与信息部门改善模式。另一方面,在其他图书馆行得通的案例,照搬过来未必奏效。由于各个图书馆之间在内外环境、服务对象以及组织形式方面各不相同,很难用统一的尺度来衡量,但图书馆要努力吸取和借鉴同行或其他机构的经验或教训,真正做到为我所用。上海图书馆根据全面质量管理原理,参照ISO规范,于2004年自行设计了一套涉及内部61个系列的员工岗位制度卡,从干部管理、人事管理、档案管理到借阅服务、后勤物业等各个方面,不仅有各个不同岗位的职责,而且有业务活动的具体流程,一目了然,可操作性强,是在将国际通行的业务规范与本馆实际情况相结合的基础上形成的一套管理制度,与制度卡配套的是同年编辑的《管理制度汇编》,汇集了从行政到业务共13大类282个制度文件。

黎格斯(D.E.Riggs)提出的图书馆在应用全面质量管理时要注意的事项值得我们思考,即:①注重事实,在认真分析通过有效的统计方式获得各种数据的基础上做出正确的决策;②避免重复,理顺并简化程序以减少不必要的重复浪费;③尊重人才,让员工心情舒畅地参与管理;④大胆放权,使员工以主人公的姿态发挥自己的主观能动性,起到自我教育、自我改进的效果。

图书馆界在实施全面质量管理方面已经有数十年的历史,如何使图书馆更好地利用现代管理理念和方法,从企业及其他行业中吸取质量管理的成功经验,通过实施质量管理提高图书馆的服务与管理水平,需要认真地加以总结和探索。

第五章　管理系统创新下的高校图书馆

第一节　高校图书馆管理系统创新概述

高校图书馆主要服务于大学和其他第三级教学单位的学生和教师的图书馆。它们也可能向公众开放。高校图书馆应注意如下区别:①大学的主要或中心图书馆,或者同一馆长领导下的分布于不同地方的一组图书馆;②附属于大学的研究所和系,不受大学的主要或中心图书馆领导和管理的图书馆;③附设于高等院校但不是其一部分的图书馆。高校图书馆是为教学和科研服务的重要机构,与教学和科研关系极为密切。许多国家都把图书馆视为现代化大学的三大支柱(师资、教学设备、图书资料)之一。由于高等学校有综合性大学、多科性文科或理工科大学、专科性大学之分,高校图书馆也区分为综合性、专科性、文科、理科各种类型。在21世纪,相较于大数据、互联网+等先进科技的产生与稳步发展,图书馆建设与发展的速度和质量已经明显跟不上社会发展的需求,因此,大力发展图书馆,加快图书馆建设的步伐,发挥其应有的作用,已成为当前一项紧迫的工作任务。我们一定要努力转变观念,采取"多形式、多渠道、多功能"的方法,走出一条既有时代特色,又切合实际的图书馆建设道路。

一、高校图书馆管理系统创新的现状

高校图书馆作为高校重要的信息资源中心,承担着为高校广大师生员工提供优质高效信息资源的重担。为了确保自身职能的充分发挥、有效便捷高效地为广大读者提供信息资源服务,高校图书馆必须提高系统管理效能,运用信息技术手段和现代化的管理理念帮助广大读者充分利

用馆藏资源和文献信息。[①]

从全球范围来看,高校图书馆系统的建设开始于20世纪60年代的美国。以高校图书馆日常管理业务中运用自动化管理系统为标志,开启了高校图书馆系统管理提升发展的序幕。自20世纪90年代中期以来,以互联网技术的广泛传播和应用为标志,实现了高校图书馆OPAC,即“联机公共目录查询系统”的完全网络化服务,真正实现了高校图书馆冲破围墙的束缚,远程检索、文献业务办理、资源预约服务等不用在图书馆现场就可以实现。借助于互联网技术,高校图书馆全面实现了远程化为广大读者提供文献信息服务的目标,极大提升了高校图书馆的工作效率和服务质量,有效满足了不同用户在不同时间、不同地点对图书馆文献资源的需求。从当前来看,我国国内绝大部分高校图书馆已经建立自己的管理系统,有效地促进了高校图书馆各个子系统、各个业务环节的全面自动化,使传统意义上的图书馆自动化更加全面、更加深刻,已经不再局限于图书资料的日常加工领域和流通领域。图书馆管理系统是典型的信息管理系统,主要是开发前端应用程序和建立维护后台数据库两个方面。对于前者要求易操作和功能完备,对于后者要求建立完整性和安全性好的数据库。近年来国内图书馆软件研究开发及应用也非常快,特别是20世纪90年代以后,我国图书馆信息网络建设取得了较大发展,图书馆信息化建设迈上了一个新台阶。随着互联网的普及与发展,图书馆信息管理系统迫切需要加快网络化建设。一方面加速现有图书馆信息管理系统的更新换代,向网络化拓展;另一方面有条件的大馆加速引进国外大型图书馆信息管理系统,借鉴其先进的网络化功能。从总体上看,国内图书馆管理系统则起步比较晚,开发时间比较短,在系统稳定性、安全性和网络集成化方面,国内外图书馆管理系统存在着一定的差距。

二、高校图书馆管理系统创新的现实必要性

(一)高校图书馆管理系统创新是信息技术时代对其提出的新要求

信息时代条件下,高校图书馆管理实现现代化、信息化是必然趋势。

①郑志军,杨红梅. 高校图书馆管理创新研究[M]. 成都:电子科技大学出版社,2014.

对于高校图书馆而言，其管理水平高低主要是通过图书及文献资料等资源利用效率和图书馆自身管理效率来体现的。高校图书馆作为高校重要的信息储备仓库，信息时代条件下在服务高校教学科学和高校长远发展中的地位和作用愈加明显，而自身在信息技术条件推动下文献资源储备数量和规模史无前例。伴随着高校图书馆规模的迅速扩大和馆藏资源的日益丰富，有效实现其管理、发挥其功用、提高其价值就显得尤为重要。实现对规模如此之大、资源如此之多的高校图书馆进行有效管理，其难度可想而知。因此，必须对高校图书馆管理系统进行创新，通过运用现代化的管理理论，结合高校图书馆发展规律，对其实施动态化管理。

信息时代条件下，互联网技术和计算机技术的飞速发展为实现高校图书馆管理系统的优化、更加全面发挥高校图书馆的功能提供了现实途径。当前，我国以计算机与通信技术为基础的信息系统正处于蓬勃发展的时期。在高校图书馆管理系统中充分运用计算机技术，将能够有效提高系统管理效率，将图书馆馆员从繁重的工作中解脱出来，不仅提高了向读者提供服务的效率，而且实现了管理的精确化、无误化。高校图书馆管理系统创新在很大程度上讲，就是实现高校图书馆管理的自动化。在全球信息化大发展的浪潮下，世界范围内以计算机为代表的现代技术有了长足发展和进步。然而我国图书馆领域真正引入现代化管理理念、实施信息化自动管理的步伐较晚，与世界一些先进国家的图书馆管理还存在较大差距。高校图书馆管理创新，必须要从当前我国高校图书馆管理现代化，尤其是从自动化的现状出发，认识不足，积极引进先进理念和管理理论，使高校图书馆管理系统拥有更加深入、全面的确立计算机技术的核心地位，实现高校图书馆在其他设备控制、连接和转换的全面自动化，提高图书流通率，不仅能浓厚高校校园学习环境氛围，提高大学生整体素质，而且对推动社会文化进步具有重大意义。

（二）高校图书馆管理系统创新是高校图书馆更好发挥其职能的内在要求

经过数年的发展，我国高校图书馆建设从整体上讲，已经形成了一套相对比较成熟的系统管理体系，在馆藏规模、馆藏质量方面也走在了世界的前列。尤其是国内一些具有条件的高校图书馆根据高校专业设置和高校教学科研实际需求,形成了较具特色的、完整的馆藏体系和管理体系,不仅在国内,而且在国际上都具有一定的影响力。在信息技术条件下,伴随着网络技术在高校图书馆的广泛应用,高校图书馆传统的管理系统已经远远不能紧跟时代发展要求、不能适应高校发展的要求和广大读者对文献资源的需求,信息时代条件的网络技术大量应用,更是将高校图书馆建立在先进的硬件和软件技术基础之上、实现馆藏的数字化管理,充分利用网上资源将文献载体形态由印刷型向数字化电子化方向发展,建立自己的馆藏书目数据库、专题数据库和网上信息资源导航数据库,使高校图书馆馆藏保持自己的完整性、连续性和使用性,以确保在高校中职能的有效发挥。

高校教学科研活动离不开图书馆,广大教师及学生日常工作和学习离不开图书馆。高校图书馆管理系统问题直接关乎高校长远发展和竞争力的强弱,关系到能否以高效优质的状态服务广大师生员工,真正体现在高校中的重要职能。未来高校图书馆的发展趋势必将朝着资源化、网络化和小型化、个性化、数字化的趋势演变,这样演变趋势也必将为高校图书馆职能的发挥提出更新的要求和挑战。高校图书馆要想适应未来这种发展趋势、更好地发挥应有职能,就必须不断与时俱进地开展系统管理创新。

(三)高校图书馆管理系统创新是高校图书馆转变传统管理模式的内在要求

实现高校图书馆管理系统创新能够有效减轻传统条件下的管理模式所带来的弊端。传统条件下,高校图书馆管理系统往往采用手工管理或半自动化管理的方式进行的;在传统这种管理模式下,不仅带来了大量的数据处理工作,而且管理效率低下、容易出现管理漏洞,在向读者提供服务方面也呈现出一定的滞后性。面对高校图书馆现有的内外部环境已经发生的深刻变化,应该实现管理系统创新,不断完善其系统组织结构、功能结构、技术要素,这样才能逐步消除高校图书馆传统系统管理模式所带来的种种弊端。

三、高校图书馆系统管理创新的现实重要性

面对高校图书馆所面临的内外部环境发生的深刻变化以及读者全体呈现的新要求,不断加快高校图书馆系统创新已经势不可挡。高校图书馆系统管理创新将为高校图书馆管理带来前所未有的质的变化,带来意想不到的良好效果。高校图书馆管理系统已经成为高校图书馆是否具备现代化特征、是否科学化和规范化的重要标志,必将引起高校图书馆质的飞跃,其重要性主要体现在以下三个方面:

第一,实现高校图书馆管理创新,将有效提高高校图书馆管理效率,大大减轻图书馆馆员的工作量,减少传统模式下纷繁错乱的烦琐事务,克服馆藏资源出存流程烦琐、杂乱和周期长的弊端。

第二,高校图书馆管理系统创新最本质的表现在于它的全面自动化。高校图书馆在管理系统方面的份额全面自动化,能够有效提高管理的精准度,减少传统模式下在入库管理和出库管理以及库存管理各个环节和流程的漏洞,提高文献资源管理精准度和高效化。

第三,高校图书馆管理系统创新将极大地提升高校图书馆整体管理水平。管理系统创新将无疑提升管理流程规范化、管理环节标准化、管理依据制度化、管理措施具体化、读者服务优质化,从整体上提升高校图书馆服务水平和管理水平,更好的服务高校教学科研和广大师生,推动高校各项事业全面发展。

伴随着我国高等教育事业的深入发展以及信息时代发展的千变万化,高校在生产发展过程中没有图书馆的支持将会寸步难行;而高校图书馆面对高等教育发展新形势以及自身内部外部环境发生的深刻变化,要想更好地发挥职能、紧跟高校发展步伐,就必须要全面加快推进改革创新步伐。

四、高校图书馆管理系统创新的典型特征

第一,基于互联网技术,能够有效实现不同地点、多个图书馆之间的链接,实现异地多个高校图书馆之间的资源共享。

第二,高校图书馆管理系统创新将极大扩大用户服务适用范围。无

论在任何地点、任何时间，只要借助互联网技术都可以使用图书馆管理系统为用户提供便捷、及时的文献资源服务。

第三，提供服务的便捷性。高校图书馆管理系统创新基于浏览器/服务器（B/S）结构，在对服务器进行有效管理的前提下，客户端只采用Internet浏览器，无须安装任何软件、无须任何维护，无论用户的规模有多大、有多少分支机构都不会增加任何维护升级的工作量，所有的操作只需要针对服务器进行。只需要把服务器连接到Internet，就可实现远程维护、升级和数据共享。

五、高校图书馆管理系统所面临的现实挑战

伴随着信息化浪潮的迅猛推进，互联网技术广泛而深刻地运用，数字图书馆的发展方兴未艾，已成高校图书馆未来发展的必然趋势。在这样的现实背景下，高校图书馆管理系统在享受信息技术带来便利的同时，也面临着巨大的现实挑战。当前和今后一段时期内，高校图书馆管理系统所面临的挑战和冲击主要来自以下几方面：

一是当前高校图书馆管理系统中采用的C/S结构，依然存在一定局限，这就是该系统运行环境下，当客户在应用某种文献资源和信息服务的时候，必须要下载专门的客户端软件才能够享受服务。仅仅是这一点就极大地限制了软件的扩展性能。伴随着未来互联网应用领域和使用范围的扩大，其维护和升级将会为客户带来诸多现实困难。

二是高校图书馆管理系统创新依然任重而道远，当前高校图书馆仅仅实施了业务主线的管理自动化，还没有完全覆盖到全部领域和所有业务环节。伴随着高校教学科研活动的日益活跃和广大读者对信息文献资源需求的不断提高，高校图书馆管理系统现状难以满足其现代化需求。

三是在未来数字图书馆建设的趋势下，高校图书馆现有的管理系统无法实现未来数字图书馆所需求的业务管理；数字图书馆运行必将需要大量的业务系统和数字资源系统做支持和保障，一旦高校图书馆管理系统建设落后，其数字图书馆运行中的业务系统和数字资源无疑变成“信息孤岛”。

四是高校图书馆管理系统一定程度上难以体现管理理念和管理策略。由于高校图书馆管理系统在本质上是一种自动化、是以图书馆管理为中心的过程,在其过程中难以将高校图书馆管理者的管理政策和管理理念深入,无法给馆长提供有效的决策支持,很难体现他们的管理思路。

伴随着高校图书馆管理系统的Web深入和全面使用,未来以Web为平台,以服务作为软件营运模式的时代即将到来。为此,看到Web在推进图书馆的各项工作中有着非常大的发展空间,在合理配置图书馆的文献资源、提高资源的利用率、改进图书服务质量、促进图书管理等方面都具有十分积极的作用。只有建立以信息技术、计算机技术、网络技术支持的人机结合的图书馆管理信息系统,将信息、管理与系统有机地结合起来,才能使图书馆功能最大化、服务最优化、管理最规范化。

第二节　高校图书馆管理系统创新技术与设计

一、高校图书馆管理系统创新相关技术介绍

(一)B/S结构简介

B/S是英文Browser/Server的简称,即浏览器和服务器结构。B/S结构的前身是C/S结构,是在互联网技术不断进步的条件下对C/S结构的改良和升级。在高校图书馆管理系统中,B/S结构是其运用的较为关键的一项技术支撑;在该种结构下,有效实现了高校图书馆工作界面通过浏览器来实现的目标,在前段通过Browser实现也仅仅是一些极少的部分逻辑性事务工作。这样一来,用户电脑端的工作负荷量大为减少,极大减轻了客户端电脑系统维护和升级的负担,节约了用户总体成本。在高校图书馆管理系统中使用B/S结构具有显著的优势:一是成本较低。以现有的技术条件来看,通过局域网建立B/S结构,并通过Internet/Intranet模式进行数据库应用,能够有效降低日常运行成本,减轻高校图书馆经费负担。二是B/S结构是一次性到位的开发模式,能够有效实现多种方

式接人，满足不同人群在不同地点对高校图书馆数据库进行访问和操作。三是在安全性方面。由于B/S结构有效实现了图书馆数据平台在管理权限方面的限制，因此服务器中数据库处于比较安全的运行状态。四是维护和升级相对较为容易。①

B/S架构的软件只需要管理服务器就可以了，所有的客户端只是浏览器，根本不需要做任何的维护。无论用户的规模有多大，有多少分支机构都不会增加任何维护升级的工作量，所有的操作只需要针对服务器进行；如果是异地，只需要把服务器连接专网即可，实现远程维护、升级和共享。所以客户机越来越“瘦”，而服务器越来越“胖”是将来信息化发展的主流方向，这对用户人力、物力、时间、费用的节省是显而易见的。

B/S结构的工作流程和工作原理介绍。在B/S体系结构中，用户借助于浏览器向分布在网络上的服务器发出请求，服务器对发出的请求予以处理，并将用户所需的信息及时的返还到浏览器。

在前面介绍B/S体结构优势的时候，已经提到，B/S体系结构能够有效减轻用户端电脑的工作量，用户端电脑仅仅是承担请求发送的任务，而额外多余的工作量则会通过服务器来完成，例如数据请求服务、数据加工以及结果返还、动态网页生成等都是通过Web Server来完成的。从本质上讲，B/S结构中以上职能的实现是通过将二层C/S结构的事务处理逻辑模块从客户机的任务中分离出来，由Web服务器单独组成一层来分担其任务，对数据库的访问和应用程序的执行均在服务器上完成。

B/S结构的功能层划分及相关功能介绍。我们把B/S结构划分为三个层次，分别是功能层、表示层和数据层，B/S结构以上三个层次在逻辑关系上是出于绝对独立的，在分区上具有明确的分割。B/S结构之所以能够有效克服C/S二层结构负荷不均的弊端，其根本原因在于B/S结构将原来的数据层作为数据库服务器进行了独立，在客户端仅仅配置了表示层，将功能层配置在Web服务器上。

B/S结构三个独立层次功能介绍：一是功能层。功能层的功能主要

①张理华．大数据时代高校图书馆信息服务创新研究[M]．北京：北京理工大学出版社，2019．

有两方面,其一是对来自表示层的数据输入予以接收,在接收之后对相关信息数据进行处理分析,并将处理和整合之后的有效数据转入到Web数据库中予以保存;其二是对来自表示层的数据请求予以接收,将接收的数据请求转化成Web数据库能够识别的语言,随后向Web数据库进行数据查询,并将查询的结果通过表示层能够识别的格式返回给客户。

二是表示层。表示层的主要功能主要承担用户输入数据情况检查校对并显示应用输出数据情况;在结构上看,是对应用户的接口部分。

三是数据层。数据层的最重要功能是负责数据库的读写任务,在较短时间内对大量、冗繁的信息数据予以及时更新和检索。

B/S结构三个独立层次的主要优势:B/S结构采用以上层次结构,一方面实现了客户机工作量的大幅度减少的目标、提高了客户机的工作性能;另一方面极大地减轻了技术维护人员的工作压力。

B/S结构最大优势在于将客户机中的逻辑处理任务交由功能服务器去完成,也不用负责复杂的计算和数据访问,极大降低客户机的工作压力,维护工作人员不用为程序维护和升级而奔波。B/S结构三个独立层次彼此之间相互独立,即使其中的任何一个层次发生改变,均不会影响其他层次的功能。

(二)JSP技术

JSP技术是于1999年Sun公司倡导下、多家公司参与建立的一种全新动态化的网页技术标准,已经成为当前因特网上主流的开发工具。

JSP技术最大的特点在于实现了动态页面与静态页面的分离,有效地摆脱了传统条件下硬件平台的种种束缚,有效地改变了编译后台的运行方式,执行效率呈现出极高的较强优势。当前国内高校图书馆管理系统中大量采用JSP技术作为其创新开发的重要工具。

JSP技术概况。在JSP技术条件下,能够将网页内容生成和内容显示予以分离使用,通过JSP标识或小脚本来实现页面动态内容的生成目标。JSP技术条件下生成的内容逻辑被封装在标识和JavaBeans组件中,并且所有的小脚本都在服务器端运行。

JSP技术的主要功能。一是采用JSP技术能够生成可重复使用的组件。当前由于JSP页面都依赖于JavaBeans或Enterprise JavaBeans这些重复使用的,跨平台的组件去执行应用程序所要求的较为复杂的处理,实现了开发人员将普通组件之间予以共享或交换,这些方法都有效推动开发的总体过程,在现有技术条件和结果优化中提高其应用性。二是采用JSP技术能够开发定制化的标识库,并能够将标识库的扩展性能发挥至最大。在采用JSP技术后,一旦开发定制标签库,其第三方开发人员能够为一些常用功能去创建自己的标识库,有效提高开发效率和开发质量。三是JSP技术平台适应功能。JSP页面的内置脚本是建立在JAVA语言基础之上,且JSP页面最终被编译成Java Servlet,所以JSP页面继承了JAVA技术所有优势,具备了“一次编写,随处运行”的特点。这就使得所有平台都支持JAVA,JSP+JavaBeans在所有平台下都可以确保有效运行,实现从一个平台到另一个平台的转换移植目标,不用在SP和JavaBeans之间予以重新编译。四是数据库连接功能。由于Sun公司开发了JDBCODBC Bridge技术,并且借助该项技术能够有效访问诸多类型的数据库,由此实现了在继承具备JAVA连接数据库的能力基础之上,运用JAVA连接数据库的能力,能够轻松实现连接各种数据库的操作。

(三)JAVABean组件

从一定程度上讲,JAVABean组件作为描述Java软件组件的模型,与Microsoft的COM组件概念非常相似。利用JAVABean组件能够在Java模型中将其程序功能无限扩充,并生成新的应用程序。JAVABean组件最大的优势在于能够实现代码的重复性利用,实现程序维护的简便易行,极大地减轻计算机程序员的工作负担。下面以“购物车”程序的设计为例。在电子商务购物过程中,往往会使用到一种叫做“购物车”的网购助手。要想完成在购物车中添加一件商品这样的功能,就可以通过写一个购物车操作的JAVABean建立public的Addltem成员方法,在前台Jsp文件里可以直接调用这个方法去实现,JAVABean组件是高校图书馆管理系统创新所运用到的一个重要技术。

(四)数据库技术

数据库在高校图书馆管理系统创新中具有至关重要的地位,数据库技术运用和结构设计对图书馆应用系统的效率应用效果会产生直接影响。因此,在高校图书馆管理系统创新中在采用数据库技术时,必须要高度重视数据库设计工作,确保数据库结构设计的合理性,以提高数据库储存效率和完整性。高校图书馆管理系统设计中采用到的数据库技术中,SQL是专门为其建立的操作命令集。SQL是一种功能比较齐全的数据库语言,是Structured Query Language的缩写,SQL具有非常明显的优势,具体体现在功能强大、易学易操作,已经成为数据库技术的重要基础,具体有以下优点。

第一,管理容易简便:SQL作为一个企业数据管理平台,能够实现数据管理者在系统组织内的任何地点和任何时间对数据库相关状况和服务予以监测管理;在编程方面,由于SQL提供了一个可以扩展的管理架构、采用SQL管理对象(SMO)来编程,能够实现用户对其管理环境予以定制或扩展。

第二,应用操作性能佳:SQL之所有具有应用操作性能佳的优势,是因为实现了在可用方面的几大块创新,例如在数据镜像方面的创新,故障转移集群方面的创新以及数据快照等功能创新。在以上诸多方面创新下,实现了SQL在可用技术、额外备份以及数据恢复等功能的强化,使用户能够构建其高可用的应用系统。

第三,具有加强的伸缩性:SQL能够构建和部署管理系统中最关键环节的应用,实现在表分区、快照隔离、64位支持等方面的高级可伸缩性功能。

(五)面向服务的体系结构(SOA)

1.面向服务的体系结构的含义和本质

SOA是Services Oriented Architecture的简称,当前学术界对面向服务的体系结构依然没有形成一个较为统一、一致的概念。对于面向服务的体系结构,大家对其认定为一种组件模型,通过接口和契约将应用程序不同功能单元进行联系。在SOA中,实现对应用程序不同功能单元建立联系的接口,是独立于硬件平台、操作系统和编程语言之外的,该种特征有效地实现了各种系统中服务以一致性的方式予以互通。从本质特征上看，接口具有一定的中立特性，该种特性也被称之为服务之间的松耦合。松耦合的主要优势体现在：一是松耦合具有很强的灵活性；二是松耦合在整个应用程序所有服务内部结构出现改变的前提下仍然会继续存在；三是与紧耦合不同，由于松耦合不具有紧耦合应用程序不同组件之间接口在其功能和结构的紧密连接性，即使出现部分调整，甚至是整个应用程序调整的时候都不会出现任何的变化。

基于上面的描述可以看出，面向服务的体系结构在其本质上是作为面向应用服务的解决方案框架而出现的，既不是一种语言，也不是一门具体化的技术措施。面向服务的体系结构实现的核心在于它的服务；服务作为代码模块，一个服务代表一个代码模块；作为模块的服务，是可以被调用的、且被赋予特定的功能。“每个服务表示一部分功能，它明确地映射到业务流程中的一个步骤。另外，服务时无状态的独立体，它在实现时不需要从一个请求到另一个请求的信息，也不需要依赖于其他服务的上下文和状态，以一种松耦合的模式来促进系统的灵活性和敏捷性。”

2. 面向服务的体系结构的特征分析

“SOA是一种粗粒度、松耦合服务架构，服务之间通过简单、精确定义接口进行通讯，不涉及底层编程接口和通讯模型。”其特征具体体现在以下几方面：一是面向服务的体系具有松散耦合的特征。通过上面分析面向服务的体系的概念和本质特性可以看出，松耦合是面向服务的体系的一个非常显著的优势，该优势也是其重要的一个特征。在面向服务的体系中，松耦合要实现三方面的目标：①提高重用模块利用效率，降低模块之间的耦合程度；②提高操作性能，实现平台与基础设施之间的耦合程度；③提高灵活性能，降低所提供服务的客户端与特定服务之间的耦合程度。在确保消息模式不被改变的前提下，面向服务的体系的松耦合特征能够在不影响服务使用者状态下实现服务使用者消息响应效果。

二是面向服务的体系具有粗粒度服务的特征。服务粒度其实质就是服务所公开功能的范围和程度；服务粒度有粗粒度和细粒度之分。细粒度服务是指那些能够提供少量业务流程可用性的服务，粗粒度服务是那些能够提供高层业务逻辑的可用性服务。粗粒度服务和细粒度服务的本质区别在于,粗粒度服务接口在某种程度上是一个特定服务的完整执行,但是细粒度服务接口则是在粗粒度服务接口内的具体内部操作。

粗粒度与细粒度的优劣势。细粒度服务的最大优势体现在灵活性方面,细粒度接口能够为服务使用者提供较为灵活多样的多方面服务。其劣势在于,一旦引入较为难以控制的交互模式的情况下,细粒度服务往往会呈现出易变性和不稳定的特征,会因服务请求者的具体需求呈现多变和不稳定。细粒度服务一旦将这些容易变化的服务接口暴露于系统之外的用户,就可能造成外部服务请求者难于支持不断变化的服务提供者所暴露的细粒度服务接口。粗粒度服务接口的最大优势在于能够以一致的、较为稳定的方式向服务请求者提供使用系统中所暴露的服务。细粒度服务是供粗粒度服务或组合服务使用的,而不是由终端应用直接使用的。如果应用是使用细粒度服务建立的,则应用将不得不调用网络上的多个服务,并且发生在每个服务上的数据量较少,因而会对系统整体性能带来影响。所以粗粒度服务的用户不能直接调用它所使用的细粒度服务。然而,由于粗粒度服务可能使用多个细粒度服务,因此它们不能提供粒度级的安全和访问控制。虽然面向服务的体系结构并不强制要求一定要使用粗粒度的服务接口,但是建议将它们作为外部集成的接口。

三是面向服务的体系接口的标准化特征。在面向服务的体系架构中,无须对开发语言和软件平台予以过多考虑,完全通过标准化服务接口进行连接,实现跨平台交互。伴随着互联网技术的进一步发展,在XML和Web两项重要标准推动下,实现了SOA的重大转型,提升了应用价值。以往条件下,SOA产品都是专有的,并且在其特定环境中开发所有应用,但XML和Web服务标准化的开放性使用户能够在所部署的所有技术和应用中采用SOA,服务使应用功能通过标准化接口(WSDL)提供,并可基于标准化传输方式(HTTP和JMS),并采用标准化协议进行调用。

二、高校图书馆管理系统主要功能

(一)传统条件下高校图书馆管理系统的主要功能

我国高校图书馆系统管理受我国高校管理体制影响非常大。尽管自改革开放以来我国加快了高等教育改革力度,高校图书馆建设发展有了巨大进步,高校图书馆馆舍建设、藏书资源数量与质量、管理技术与手段的现代化等硬件、软件方面有了巨大提升与改善,但是从总体上看,高校图书馆内涵建设却相对较为滞后,尤其是管理系统创新力度不足,影响到高校图书馆职能的发挥、影响到管理系统现代化建设进程。

传统条件下高校图书馆管理系统的主要功能:一是传统条件下高校图书馆管理系统功能以“以书管理”为核心。以往信息技术不是非常发达的条件下,高校图书馆在管理和经营上突出建筑资源、文献资源和人才资源,在系统管理上尤其突出以书为本。高校图书馆无论是在扩大馆藏面积、提升馆藏数量、扩充读者阅读座次、发展现代化的计算机网络技术都以“书”的管理为核心。

二是传统条件下高校图书馆管理系统功能发挥中对馆员的重要性认识程度不够深。由于传统条件下高校图书馆管理系统坚持以书为本的管理思想,在系统建设、维护等方面的出发点和落脚点都放在“读者为本,方便读者,用户至上”上,对馆员在管理系统管理过程中发挥的重要作用认识不足,例如,系统管理中往往忽略提升馆员素质、业务能力、促进图书馆人性化管理。由此一来,高校图书馆系统管理过程中往往出现了人才难尽其用、系统管理创新滞后的尴尬境地,馆员服务的能动性未能被充分地调动,甚至因各种原因被抑制。

三是传统条件下高校图书馆系统管理功能中现场管理功能缺失。高校图书馆现场管理是确保整个系统管理的重要前提和基础,传统条件下高校图书馆系统管理功能中存在着明显的现场管理缺失问题。现场管理功能缺失导致了传统条件下高校图书馆系统管理效率低下的问题频现。例如,不按库位摆放图书,或移动图书后,不及时把新库位的图书交给录单员录入系统,造成无法找到相关图书;仓管员不及时将新购图书录入系统,结果造成系统数据与实际脱节,影响ERP系统数据的准确性，最终影响到整个高校图书管理的运行，不统一、不规范，不是没有图书编码，就是图书名称不对，以致无法追查该图书的历史状况；新旧图书仓管员交接不清，没有真正的交接手续。

纵观传统条件下高校图书馆功能以及影响其功能发挥的现场管理问题，在现代化信息技术条件推动下、在广大读者需求不断增加的条件下，推动高校图书馆系统管理全面信息化是必然之路。高校图书馆信息系统创新是我国高等教育改革发展的必然要求，是更好地适应信息时代对高校图书馆现代化建设的需要，是更好地发挥职能、满足高校教学科研活动的必然需要。

（二）创新高校图书馆管理系统条件下的主要功能分析

1. 当前高校图书馆系统管理创新的基本情况

新的历史条件下，高校图书馆存在的内外部环境已经发生了深刻的变化。信息科学技术迅猛发展、计算机科学技术应用全面推广、广大读者文献资源信息需求与日俱增。高校图书馆为了确保自身职能的充分发挥，有效便捷高效地为广大读者提供信息资源服务，高校图书馆必须提高系统管理效能，运用信息技术手段和现代化的管理理念帮助广大读者充分利用馆藏资源和文献信息，不断完善信息技术条件下高校图书馆的主要功能。

从当前来看，我国国内绝大部分高校图书馆已经建立自己的管理系统，实现了系统管理的有效创新，有效地促进了高校图书馆各个子系统、各个业务环节的全面自动化，使传统意义上的图书馆自动化更加全面、更加深刻，系统管理不再局限于图书资料的日常加工领域和流通领域。信息时代条件互联网技术和计算机技术的飞速发展为实现我国高校图书馆系统管理的全面创新奠定了坚实的物质和条件基础。目前来看，我国高校图书馆系统管理功能已经发生了巨大变化，正处于蓬勃发展的时期。在高校图书馆管理系统中充分运用计算机技术，将能够有效提高系统管理效率，将图书馆馆员从繁重的工作中解脱出来，不仅提高了向读者提供服务的效率，而且实现了管理的精确化、无误化。高校图书馆管理系统创新在很大程度上讲，就是实现高校图书馆管理的自动化。高校图书馆管理创新、更好实现功能的发挥，必须要从当前我国高校图书馆管理现代化，尤其是自动化的现状出发，认识不足，积极引进先进理念和管理理论，实现高校图书馆管理系统更加深入、全面确立计算机技术的核心地位，实现高校图书馆在其他设备控制、连接和转换的全面自动化。

2.创新高校图书馆系统管理条件下的主要功能介绍

一是在图书订购功能。包括图书订购申请、图书订购管理员；审核、图书订购领导批准。

二是图书采购入库存管理功能。包括图书采购登记、图书采购审核、采购、图书入库(包括购买和盘点)。

三是图书借阅归还管理功能。包括图书借阅与续借处理、图书催还处理、图书归还处理、图书损坏与遗失处理等。

四是图书日常管理功能。包括图书盘点、图书维护、旧书作废(包括旧书预生成、管理员初审、领导批准、管理员复审、作废)和读者报失等。

五是读者管理功能。包括读者基本信息管理、读者权限管理等。

六是客户管理功能。包括出版社信息管理、图书商信息管理等。

七是统计查询功能。包括查询统计已超期读者及相应图书、按图书类别查询统计、按图书其他基本信息查询统计(出版社、作者、图书名)、按图书入库时间查询统计、借阅图书查询、遗失图书查询(全部及时段)、报废图书查询(全部及时段)、读者信息查询统计、罚款查询统计等。

三、高校图书馆管理系统的设计

(一)用户信息管理模块设计

在高校图书馆系统管理的用户信息管理模块设计中，对用户信息管理主要包括用户添加功能、浏览用户、修改用户和删除用户等。

(二)出版社信息管理模块设计

高校图书馆系统管理创立中出版社信息管理模块，其主要功能同用户信息管理模块一样，也包括添加、浏览、修改、删除等模块。

(三)图书类型管理模块设计

图书馆系统中图书类型管理模块中主要包含添加、修改和删除几个方面。

(四)图书数目管理模块设计

高校图书馆系统管理中的图书数码管理模块设计中,当管理员进入图书书目管理页面后对图书书目管理的操作包括添加、修改、打印、删除。

(五)用户登录系统设计

用户登录系统的操作包括注册、登录、查看、修改密码。

(六)系统类图设计

在面向对象的系统模型中,系统类图设计是最为普遍的一种图:系统类图设计的主要内容包括一组类、接口、协作,以及三者之间的关系状况。类图的主要作用体现在,它是一些相关图的重要基础,能够为系统建立可视化、文档化的结构模型,利用正向和反向工程建立执行系统。创建设计类图一般分为以下几个步骤:第一步为识别设计阶段出现的类,并为此添加属性和方法;第二步为建立类之间的关系,完成对属性和方法的细节描述。例如,图书类之间与图书借出类之间为一对一的关系,每一本图书有且只有一个唯一的条码,在同一时刻只能借出一次;而对于读者类与图书借出类之间则是一对多的关系,每一个读者可以同时借出多本图书。书目类与图书类之间也为一对多的关系,每一种数目至少对应一本图书,一般是对应多本图书。

(七)数据库设计

数据库设计分为数据库概念设计和数据库逻辑性设计。

1.数据库概念设计介绍

高校图书馆图书从采购到入库所涉及的实体要素有图书管理员、图书供应商、图书馆、图书。几种实体要素之间的关系如下:一是图书供应商与图书之间的关系。二者之间为多对多的关系,一个图书供应商可以同时供给若干种不同类型、不同类别的图书。二是图书管理员与图书之间为一对多的关系。图书管理员一次可以验收多本图书,而一本图书只被一个图书管理员验收。三是在图书借阅环节涉及到的读者与图书之间的实体关系。一个读者可以借阅该读者相应数量的图书数量，一本图书可以在不同的时候被不同的读者借阅。四是图书归还涉及的读者与图书之间实体关系为，一个读者可以一次性归还多本图书，而一本图书在不同的时间段内可以被多个读者归还到图书馆。五是图书盘点涉及的实体主要有图书馆员和图书，二者之间的关系为，在不同时间段内，一本图书可以被多个不同的图书馆管理员管理盘点；而一个图书馆管理员在一个特定的时间段内可以盘点在库的所有图书。六是图书维护所涉及的实体主要有图书馆员和图书，二者之间的实体关系诸如图书盘点所涉及的实体关系一样，一个图书管理员可以一次维护多本图书，一本图书可以在不同的时候被不同的图书管理员维护。七是图书作废所涉及的实体主要有图书管理员和图书，二者之间的关系有，一个图书管理员在一个特定时间内可以一次作废多本图书，但是一本图书只能被一个图书馆管理员作废。

2.数据库逻辑设计

根据高校图书馆实体类别，在数据库逻辑设计中，各实体设计具体如下：①图书：财产号、中图分类号、ISBN、种子号、图书名、作者、出版社、出版日期、页码、图书标价、图书类别、入库时间、录入管理员、图书购买价、图书状态、图书来源等。②图书管理员：管理员ID、管理员姓名、管理员密码、性别、权限、联系方式等。③图书商：图书商ID、图书商名、联系地址、电话、传真、E-mail等。④借阅：读者ID、财产号、借出日期、应还日期、借出类型、管理员ID等。⑤归还：财产号、读者ID、还书日期、管理员ID等。⑥维护：财产号、维护时间、维护类别、维护费用、管理员ID等。⑦作废：财产号、作废时间、管理员ID等。⑧供应：图书商ID、中图分类号、ISBN、供应量等。

（八）界面设计

高校图书馆管理系统中的界面设计涵盖多方面内容，依据业务层次和管理需要不同，不同高校图书馆可以从满足自身管理需要实际出发、因地制宜地开发设计具有针对性的界面。下面以登录界面设计、新书入库模块界面设计、图书借阅模块界面设计和读者管理模块界面设计为例进行介绍。

一是高校图书馆登录界面设计。图书馆登录界面的管理系统设计主要利用JSP的相关函数对用户名及登录密码进行判断,以此实现用户的合法性、保密性和图书馆管理系统的安全性。在登录界面设计中,应当本着简单、易操作的原则,完全实现用户相关信息实现键盘的完全操作、避免传统条件下键盘与鼠标之间的切换。登录界面设计中重点突出用户登录密码忘记情况下的"密码取回"功能,点击"密码取回"按键、通过密码保护程序取回。

二是高校图书馆新书入库模块界面设计。对新书入库模块界面设计,主要目标是实现对已经采购图书进行入库的管理,有效节约人力、节约时间、最大限度减少图书入库时间投入运转。伴随着近年来高校教学科研活动的日益活跃,高校广大读者对图书馆的文献资源信息需求量呈现出与日俱增的趋势。高校图书馆需要根据高校读者不断增加的需求实际经常购买新书。高校图书馆购书已经表现出以下特点,即在时间上呈现出日益频繁、规模上日益扩大的趋势。加快图书入库系统的管理创新、提高图书入库的效率已经迫在眉睫。在该界面的设计过程中,可以采用批量设计的思路,将多本具有同一信息的多本图书一次录入,图书馆管理员只要输入书籍编号、书名以及出版社等相关信息,就可简便、快捷的实现新购入图书的入库操作。

三是高校图书馆图书借阅模块界面设计。当图书用户需要向图书馆申请图书服务需要的时候,首先要在用户登录界面登录时候,才能实现相关借阅功能、完成图书借阅操作。在进入到图书馆图书借阅模块,用户可以根据自己需求图书的相关关键信息进行查阅,例如,可以输入图书的书名、图书编号、作者等相关信息,在输入关键信息后,系统完成快速匹配,将用户输入相关信息的图书信息及时呈现。在这里需要说明的一点,用户通过图书借阅板块办理图书申请业务、输入关键查询条件,其实现的重要前提是高校图书馆必须有与之相关馆藏的时候才能完成借阅。在系统将用户需要图书信息呈现之后,用户只需要点击"确认"按键就可以完成相关操作;图书馆系统将把相关操作情况、图书馆库存变化、用户借阅记录等详细信息等具体信息一一予以呈现。

四是高校图书馆读者管理模块的界面设计。高校图书馆管理员对读者的管理是通过该管理模块实现的。在这个模块中,高校图书馆可以根据自身业务需要在实现对读者管理的基础上,附加上对出版社和图书馆运营商的信息管理功能。高校图书馆图书管理员,进入到读者管理模块之后,对读者信息管理的功能主要有:添加读者信息、删除读者信息、修改读者信息等三方面的功能。同样,对出版社和图书运营商的管理功能也主要包含以上三个方面。高校图书馆如果想同时实现对读者、出版社和图书运营商三个层面的管理功能,其系统设计的实现方法与仅仅对读者单一管理模块的设计方法和实现功能大致相同,可以通过三种功能中的其中一种功能界面对其他两种实现方式予以全面了解,将每一种功能界面划分为读者、出版社和图书商三类。

第三节　高校图书馆管理系统创新的案例介绍

高校图书馆管理系统的设计与实现,应当从高校教学科研实际出发、从高校广大读者的现实需要出发、从高校图书馆自身管理业务实际出发。下面以某高校图书馆管理系统设计为例进行详细说明。

一、某高校图书馆管理系统架构介绍

在该管理系统中,其设计紧紧围绕图书馆文献资源信息、管理、读者和服务展开。在以上四方面因素中,无论是图书馆文献资源信息、管理还是服务都是突出读者为核心。四方面之间是相互关联、彼此依赖的关系,其中,图书馆文献资源信息是高校图书馆服务读者的重要载体,高校图书馆管理的目的是为了更好地发挥文献资源价值、向读者提供更高效更优质的服务,是作为提高提升服务质量和服务水平的重要手段。①

该高校图书馆管理系统作为典型的SOA应用集成的系统,在设计过

①翟宁．高校图书馆服务与阅读推广研究[M]．北京:北京工业大学出版社,2019.

程中采用统一的方式将各领域业务进行组织，实现各领域业务根据自定义的流程在各个应用流转处理。在服务架构中采用SOA服务总线架构，确保整个系统功能更加清晰，同时具备较好的扩展性能。该管理系统具体划分为界面层、业务处理层、数据处理层和SOA基础服务层，且每层相对独立，又是整体架构中的一部分，以保障每层有变化或者进行单独升级，也不至于影响其他层。

（一）逻辑视图层面的设计

1.SOA基础服务层

SOA作为系统开发的新型体系架构，是一种面向企业级服务的系统架构，其应用程序的功能是通过一些松耦合、且具有统一接口定义方式的组件构建起来的。SOA架构最大的优势在于它的灵活性能，能够实现对业务变更进行快速、有效的相应和处理，通过该功能提高总体竞争力。SOA基础服务层的主要管理功能如下。

一是对用户进行组织和权限管理。通过建立统一的用户管理系统，实现对用户资料的集中管理，诸如用户详细资料、身份确认等相关权限予以管理。具体技术特点如下：建设统一用户管理系统，统一存储和管理组织架构和用户信息；实现统一的用户管理和身份认证，各类应用系统提供统一用户登录的支持，可实现各类B/S应用系统的单点登陆；提供一套Web界面的用户管理平台，在进行集中管理时，也可由各管理员对用户进行添加、删除、修改和禁用，并能与电子邮件账号的添加删除产生联动；实现统一的权限管理，可以集中管理和配置用户角色权限信息，实现异构应用系统的整合。

二是统一目录和权限管理。建设统一的服务管理系统，基于服务导向的构架架构，集中管理服务信息、认证、权限、事件和通信。具体技术特点如下：全面支持服务导向构架架构，实现统一的服务管理；提供服务信息注册、认证和权限管理；提供一套Web界面的服务管理平台，集中进行添加、删除、修改和配置各类服务和应用；建立统一的事件分发和响应机制；提供可集成的网络部件的集中注册和管理；设计提供完备的软件安全架构，确保各级应用系统的安全。

三是消息通知和事件处理。建设统一的消息通知、事件处理机制，集中管理用户消息的分发和通知，具体技术特点如下：建设统一的消息分发机制，供各类应用调用；提供统一的界面，管理和配置消息分发机制；支持页面弹出消息、E-mail、手机短信、统一消息发布等消息分发方式，并可以扩展其他消息分发方式，手机短信通知，可为用户和会议等设立子信箱，支持短信并行发送，每秒并发数量大于10条。

四是系统监控和日志功能。基于SOA架构通过建立统一的配置与监控平台度管理服务和应用管理、配置和状态实施监控。具体技术如下：支持SOA架构，为所有服务和应用实现统一的中心配置，管理员通过一套Web界面即可进行集中管理；提供统一的日志记录与管理；提供统一的运行监控平台，可以进行集中的系统监控和管理。

2.数据处理层

该高校图书馆管理系统数据处理层的主要任务是对各种业务数据进行转换或存储。数据存储方面，根据数据结构类型对不同类别的结构化数据和非结构化数据分门别类地予以单独存储管理。数据转换方面，主要是在不同类型的数据定义之间进行转换，以实现不同类型数据在数据存储中心的统一存储。

3.业务处理层

该高校图书馆管理系统中的业务处理层重点在于实现对各项业务的处理，服务平台的各种应用逻辑都处于该层，通过数据库接口、Web Service接口、XMI接口等为界面层提供服务。

4.界面层

该高校图书馆管理系统界面是以Web形式设计的界面，通过用户管理系统能够予以统一管理和配置，并根据用户权限对界面内容予以访问。

（二）系统体系结构

该高校图书馆管理系统运行模式采用的是C/S和B/S相结合，在具体的业务管理中采用的是C/S结构，而在OPAC中则采用了B/S结构。该高校在管理系统中之所以运用C/S和B/S相结合的结构设计，源自B/S模式存在的优势与C/S模式存在的劣势。如果仅仅使用C/S模式，那么图书馆管理系统在数据安全性、同步性以及实用性方面会存在潜在的漏洞;B/S模式自身具有开放性强、扩展性好、较灵活的优势。

1.表示层

在系统体系结构中的表示层,主要包含了两种访问方式,即:Web页面访问和Windows应用程序访问。下面就以上两种访问分别予以分析。首先是Web页面访问。在Web页面访问中,用户所能见到的业务操作页面是通过B/S模式下以浏览器的形式实现的。该页面访问中,将客户业务处理请求以及数据发送至逻辑层,并将逻辑层处理结果情况反馈给用户。其次是Windows应用程序访问。该程序访问仅仅局限于即时通信。

2.逻辑层

在整个系统体系结构中,逻辑层处于核心位置,是整个系统结构的关键,逻辑层的封装实现了系统的业务逻辑。下面主要从以下几个方面予以分析:一是业务外观层。逻辑层中业务外观层主要功能体现为向系统逻辑功能的实现提供界面支持;从本质上讲,业务外观层作为隔离层,将用户界面与其他类别的业务功能予以隔离,记载用户在各项业务操作中的每个环节,是表现层与业务规则实现的中枢部分。二是业务逻辑层。业务逻辑层的主要功能在于全面实现整个系统体系结构的业务规则,包含数据的输入、数据处理的条件以及业务处理逻辑等方面。业务逻辑层在使用独立接口并通过封装提供接口的情况下,能够有效实现事务处理的简易化,增强事务处理整个过程的安全性和稳定性。三是数据转换。数据转换的主要功能体现为将多样化的来源数据实现统一化管理,并将转化后的数据转发给访问层,将数据访问层获得的相关资料再以不同的形式返还到表示层。四是系统服务。逻辑层所提供的系统服务主要包含系统配置、系统监控、日志记录以及异常处理等,通过逻辑层提供的以上服务确保整个系统体系结构正常运转,确保整体功能的有效发挥。五是安全认证。逻辑层所提供的安全认证主要包含了用户管理认证、用户登录验证、授权验证以及安全审核记录等相关功能,与此同时,逻辑层还能提供公开密钥体系的安全基础服务。

3.网络拓扑架构

该高校图书馆管理系统是建立在完全的Internet架构基础之上，又将网络架构分为三层，后端以两台数据库服务器挂接存储做底层数据支撑，可以搭建双机互备；其中间层根据其业务不同类型，又具体划分为读者Web服务器、馆员业务服务器等；后端作为各项业务处理中端和读者客户访问端。该高校图书馆网络拓扑架构中，通过硬件防火墙与外部Internet建立联系，实现相互通信功能，以此扩大系统体系的整体功能和可用性，提高系统安全性能和可靠性能。

二、该高校图书馆管理系统安全访问及控制实现

（一）该高校图书馆管理系统安全访问目标设定

该高校图书馆在实施此项管理系统创新过程中，始终将安全体系建设作为重中之重，整个安全体系由以下几部分构成，充分确保了整个图书馆管理系统的安全性能：安全体系认证系统、黑客及病毒入侵检测系统、系统漏洞扫描系统、防火墙系统、数据备份系统以及虚拟网络系统。在确保整个管理系统安全性能的基础上，制定切实可行的管理系统安全保障条例等相关制度和机制建设，从网络运行、系统维护、数据应用、日常管理等多个方面建立具体规章制度，确保整个信息系统有安全稳定的保障体系。

该高校图书馆管理系统安全访问目标设定为：一是建立综合性、全方位的管理系统安全服务体系，着重从内部管理和外部支持两方面予以加强，确保网络、系统、信息及管理等诸多方面的整体安全性能；二是建立健全综合性、可操作性的安全防范机制，为管理系统安全运行提供高效和可靠的运行环境，从根本上确保管理系统信息运行的完整性、保密性、可用性和不可否认性，识别各种潜在的风险和威胁；三是确保合法用户能够最大限度享用图书馆各类文献信息资源，对用户进行综合管理，尤其是实现对用户在认证及权限方面的管理；四是对各种潜在的安全隐患能够做到早发现、早制止，对各种攻击行为及时做到阻断和处理，尤其是对DOS/DDOS等恶意攻击作出及时的判断；确保高校教学科研等各类

重要信息平台稳定、安全运行，免受恶意攻击。五是建立有效的病毒预防机制，“防止病毒在整个网络中的大规模传播，防止各种病毒等进入内部网，阻止不怀好意的Java，Active小程序等攻击内部网络系统。”六是对高校学科建设、项目管理、教学科研相关重要信息系统予以安全管理，建立统一的设备认证、授权和审计平台；七是对图书馆各个管理系统中应用系统相应的业务予以安全保障，确保系统中服务器资源的安全和稳定，对系统和数据库中出现的安全漏洞能够及时发现并予以制止，有效防止黑客恶意攻击；八是对出现的安全问题能够做到有效、及时的应急处理以及灾难恢复，确保在安全突发事件之后整个系统能够做到迅速恢复，而不至于影响整个图书馆管理系统的正常运转；九是建立健全与之相适应的安全风险分析和安全评估机制等各项具体的安全管理机制，充分发挥安全管理人员职能，实现对敏感信息的高度安全管理机制，确保整个管理系统处于安全操作环境之下。

（二）该高校图书馆管理系统安全访问结构组成

1.网络层安全体系结构

该高校图书馆管理系统安全访问结构中的网络层安全由三部分组成：防火墙系统、入侵检测系统和安全审计系统。

一是防火墙系统。防火墙系统的主要功能是实现对内网以及DMZ区域应用访问实施合理化控制，为整个系统的安全稳定运行提供重要“屏障”。

二是入侵检测系统。入侵检测系统的主要功能主要对系统内网络传输予以实时监控，对监控到的行为可以进行自动检测和分析；该系统最大的特点在于它的自动性、实时性，对来自外部网络和内部入侵的信号能够做到全面分析掌握；一旦系统受到来自外部或内部的危害，在此之前就会发出警告，并对恶意攻击和各种危害作出及时反应，提供相应的补救措施，最大限度为网络安全运行提供坚强有力的安全保障。入侵检测系统各项功能的实现可以通过在核心交换机侧边设置一台入侵检测设备，对来自互联网的恶意攻击实时的进行识别和阻止。

三是安全审计系统。安全审计系统在该高校图书馆管理系统安全运行中的重要作用体现在,通过对整个网络系统的安全设备和网络设备、应用系统和运行系统进行全方位的监测、分析、评估,实现整个体系的安全运行。由于网络安全运行与管理都是动态化的,因此要想确保整个管理系统的安全监测效果,必须对已经建立起来的系统实施动态化的、实时性的审计,对系统安全运行中的各项隐患予以及时监测、及时发现、及时处理。从这个层面来讲,建立安全审计系统是非常有必要的。在同一个管理系统中,由于会使用和涉及不同厂商生产的产品、技术,要想实现不同厂家不同产品和技术之间的互操作,建立集中式的审计系统就尤为必要。

如果没有实时的、集中的、可视化审计,就不能有效、及时的评估系统究竟是不是安全的,无法及时发现安全隐患。安全审计系统就可以满足这些要求,对网络中的各种设备和系统进行集中的、可视的综合审计,及时发现安全隐患,提高安全系统成效。

2.应用层安全结构

该高校图书馆管理系统安全运行体系中应用层安全由以下几部分构成:对用户身份管理统一化、通信加密、防篡改系统、数据注入漏洞防范系统等。

一是应用层安全结构中用户身份管理统一化。实施用户身份认证与管理统一化的系统,主要功能体现在:通过对用户账户进行统一管理、实现统一用户登录的基础上,将整个平台按照一定的功能模块予以分类;在此基础上,图书馆系统管理员按照用户权限规定,对用户分配相关的访问权限,以此确保信息的安全性和保密性。

二是通信加密。通信加密的主要目的在于提升数据传输的安全性和保密性。所运用的主要技术手段是通过SSL协议对用户身份及关键应用数据予以验证加密。

三是防篡改系统。防篡改系统的主要目的在于有效保证网站页面的安全性和真实性,为整个系统安全稳定运行提供自动的实时监测。防篡改系统所运用的主要技术手段是采用备份、实时扫描等技术,对Web文件内容的实时监控,对监控过程中发现的问题能够做到及时发现、分析、恢复,与此同时提供友好的用户界面以方便用户使用。防篡改系统主要应用在该高校图书馆与学科建设、科技项目管理等信息平台的保护领域。

四是数据注入漏洞防范。从本质上讲,数据库注入是利用编写代码没有对输入数据进行合法性校验而实现的针对数据库的恶意攻击方法。用户可以通过网站页面或者网站链接地址提交一段数据库脚本,从而获取想要的数据库信息或者直接完成对数据库数据的破坏,SQL注入是从正常的www端口访问,而且表面看起来跟一般的Web页面访问没什么区别,所以目前市面的防火墙都不会对SQL注入发出警报,如果没有查看IIS日志的习惯,可能被入侵很长时间都不会发觉。所以增加数据合法性校验,是防止网站被实施数据注入、确保网站安全性的必要手段。

3.数据层安全结构

该高校图书馆数据层安全结构主要包含三个方面的内容:数据库软件安全、数据加密以及数据备份。

一是数据库软件安全。该高校图书馆管理系统使用SQL2005数据库软件,为了提升数据库软件自生的防攻击性,在系统层安全系统层的安全建设主要包括服务器端防病毒软件系统、补丁升级系统、防篡改系统和系统安全策略的建设和相关的安全规范规划。

二是数据加密。使用SSI协议对应用与应用之间数据交换通道进行加密,确保传输数据的安全性。同时对用户密码等敏感数据进行MD5的加密处理,确保该类数据的隐秘性和安全性。

三是数据备份。为了确保数据的完整性,将对学科建设与科技管理信息平台的数据实施有效的备份,并在系统发生故障时,迅速使用备份数据进行紧急恢复,保证系统的持续可用性。

4.该高校图书馆管理系统业务管理应用功能分析

该高校图书馆管理系统业务管理应用中设计了业务决策与管理、业务调配与决策模块、资源建设、Web OPAC、文献流通系统等功能模块。

(1)业务管理与决策模块

业务管理与决策主要用于图书馆对读者的管理,对馆员工作和业务进行业务管理,对图书馆的资金进行管理。

以对读者管理模块功能为例:读者用户管理功能方面。该高校图书馆读者管理模块的主要功能包含读者数据录入和读者信息管理维护两方面。在读者管理模块方面,在对读者相关数据录入的时候,又包括批量录入和单个录入两种情况。用户数据批量录入,是根据学校教师管理部门和学生管理部门提供的教师、学生等读者信息转入读者数据库,同时设计出自动查询功能。单个录入,是将读者基本情况等进行逐一逐条录入,包括读者姓名、性别、部门、专业、年级、班级、联系方式、身份证号码、读者职称情况、地址等等读者数据维护功能方面。在对读者相关信息进行录入之后,需要后续持续的数据维护,以保证读者信息数据的及时更新以及图书馆管理业务系统的正常运转。读者数据维护功能设计多方面内容,例如,可以对读者违反图书借阅规定的处理,图书管理员对借书证挂失方面的处理,注销及增加读者,读者数量和图书使用情况统计等等。

(2)业务调配与决策模块功能

该高校图书馆业务管理模块中的业务调配与决策功能主要涉及对图书馆各个业务层面的业务事项进行统一调配管理,让图书馆管理层和决策层对本馆各项业务能够做到及时了解、随时掌控。例如,对分管副馆长的业务分配情况、具体工作情况能够及时了解;对图书馆统计报表的相关数据进行统计分析;用于对于图书馆的业务进行统计和管理;了解业务管理与调配功能运行状态;查看当日图书馆运行状况,包含借阅数目数量、借阅人数量、各个借阅室开放情况等等。

(3)资源建设模块

该高校图书馆业务管理系统中的资源建设模块开发设计了五种子模块,包括中西文采访、中西文编目、移动采购、电子资源采购、连续出版物管理。下面以中西文采访子模块为例进行阐述。

第一,资源建设模块中的中西文采访模块在业务管理系统中所处的地位和作用。中西文采访模块在整个图书馆文献资源系统处于基础性、保障性的地位,主要服务于该高校图书馆业务体系中文献采访和加工。该高校图书馆管理系统的中西文采访模块设计最大限度地体现了数据系统的体系性和准确性,在开发设计过程中实施标准化运作,有效增强了该校图书馆业务功能,最大限度地保障了整个业务系统的稳定运行。

第二,该高校图书馆业务管理系统中资源建设模块中的中西文采访模块的主要功能。

一是具有订购数据查重功能。对订购数据查重能够确保文献信息资源购买的不重复性,有效节约资源和成本。其工作原理主要是通过查看图书馆预采库、编目库、中央库已有MARC数据,作出与拟定购买计划是否具有重复性的决定。查重功能的主要依据是通过将拟定购买文献资源的题名、题名拼音码、责任者、ISBN号、丛书名等信息,与预采库、编目库、中央库储存的信息进行MARC数据比对,并为最终做出是否购买的决定提供依据。

二是著录MARC数据功能。在该项功能中,图书馆中西文采访员按照MARC格式著录MARC数据,并将著录的数据保存到图书馆的预采库中。

三是提供专门的电子订单功能。所谓的电子订单,是指由图书馆供应商提供给高校图书馆采访部门的图书订单,该订单是以电子版形式出现的,因此称之为电子订单。在电子订单提供的书面清单帮助下,再由图书馆采访员根据购买计划作出是否购买的决定。电子订单的文件格式分为两种,一种是标准的MARC数据格式;另一种是非标准的MARC格式数据。标准的MARC数据格式和非标准的MARC数据格式之间的差异性在于:高校图书馆在进行自动化系统处理中不用借助于任何转换接口可以自行实现相关数据处理;而非标准的MARC数据格式需要高校图书馆在进行数据处理过程中借助于某种通用的转换接口,实现异型数据库之间的转换,只有在实现数据转换后将其读入,才能实施批量查重功能和批量订购功能。在采用非标准的MARC数据格式进行查重的过程中,其查询条件可以设定为ISBN、题名、责任者等等,可以由采访员自行设定。

四是套路数据功能。所谓的套路数据是指在利用外部数据源的基础上对外部数据进行套取。套路数据功能具有添加、删除和修改功能，其功能的实现主要通过题名、题名拼音码、责任者、ISBN号、丛书名等相关信息来实现；通过讨论数据功能，卸下作为“新著录”的数据。

五是新书推荐功能。该高校图书馆借助于调查问卷形式、网络调查形式等对读者数目推荐情况和文献资源推荐情况进行调研、汇总，图书馆采访员再根据读者推荐情况优先考虑购买。在资源建设模块中的新书推荐功能中，读者可以通过图书馆开发设计的专门网页专栏向图书馆提供书名、作者、出版社以及ISBN号等相关信息，图书馆采访员将读者推荐信息通过网络形式进行分析汇总，向图书馆领导作反馈。

六是验收登到功能。图书馆根据读者推荐情况、自身图书信息资源购买计划情况在进行新书购买之后，一旦新书到馆，可以通过资源建设系统模块通过题名、题名拼音码、责任者、ISBN号、丛书名、订购号等信息，查询预采数据，对照预采信息进行入馆登记。

该高校图书馆在资源建设模块中开发的验收登到功能最大限度地减少了新书入馆时由于人为因素造成的意外情况发生。借助于验收登到功能，图书馆采访员按照新书批次或日期向图书供应商生成登到清单。

七是数据交送功能。当新书到馆之后，采访员根据新书题名、题名拼音码、责任者、ISBN号、丛书名、订购号、订购批次、登到批次、日期范围等相关信息进行验收核对，并将验收合格的数据交送到待编目库。

(4)Web OPAC查询模块

该高校图书馆在Web OPAC查询模块中主要设计了以下三种子功能模块：馆藏图书查询模块、数字图书资源导航模块和数字期刊导航。下面对Web OPAC查询模块中的三个子模块具体功能进行详细阐述。

首先是馆藏图书查询功能模块。馆藏图书查询功能具体包含向读者提供该馆信息资源、图书期刊资源等相关文献资源情况；为读者办理新书预约以及图书续借；将图书馆最新文献资源情况第一时间向读者通报；查询读者节约情况；通过该模块，读者可以向图书馆推荐新书。

一是馆藏查询功能中向读者提供该馆信息资源、图书期刊资源等相关文献资源情况。读者在有借阅意愿和借阅计划的前提下,可以通过图书馆业务管理系统中的馆藏图书查询模块将相关检索信息予以录入,图书馆业务管理系统根据读者输入的检索信息进行条件查询,将查询结果及时反馈给读者。该高校图书馆在馆藏图书查询功能模块设计中引入了239.50系统,借助于该系统,读者一旦输入的检索条件该校图书馆不满足,可以查询到其他图书馆是否有满足自己借阅意愿和借阅计划的图书资源,甚至是全球范围内其他图书馆的图书情况。在进行图书检索过程中,读者可以根据自己借阅意愿和借阅计划图书资源的题名、责任者、主题、分类、出版社、ISBN/ ISSN 等多种检索条件查询馆藏,而该校图书馆将检索结果会以题名、责任者、索书号、出版社、出版时间等形式反馈给读者。通过馆藏查询功能,还能够向读者反映图书资源的馆藏状态、向读者提供典藏区域、是否借出、已借出图书的预计归还时间等相关信息情况。一旦图书馆能够满足读者的检索要求,在该系统上读者能够办理图书的预借或撤销预约业务。在该子模块中,该高校图书馆设计过程中还内嵌了与各种数字图书馆衔接的接口,通过该模块,当读者在录入检索条件后还能够实现对数字图书馆的查询。该高校图书馆引入了239.50系统,当读者检索条件在未被满足的时候,可以按照239.50协议对其他图书馆的信息资源进行查询,甚至可以实现全球其他土要图书馆的资源。在其他图书馆查询后,可以直接通过图书馆的全文传递系统或者馆际互借系统申请该图书。

二是图书推荐与预约功能。图书推荐功能是读者认为比较有价值的文献资源向图书馆进行推荐,为图书馆今后采购计划做重要的决策来源和重要依据。通过图书推荐,能够有效满足不同读者的图书需求,更好的服务全校广大师生读者,提高图书馆的服务质量和服务满意度。当读者在进行图书推荐的时候,可以通过Web OPAC 查询模块向图书馆提供拟推荐书目的书名、责任者、出版社、出版时间等相关信息;当读者完成推荐之后,可以在该平台上查询到自己推荐书目是否由图书馆采纳。图书预约功能是读者根据自己节约意愿或借阅计划向图书馆申请图书预约,也可以将事先已经预约的图书进行撤销。在办理图书预约的时候,当读者对拟预约的图书进行查询,由图书馆业务管理系统呈现出查询结果之后,可以在同一个页面上予以办理;在对符合条件的图书选择了预约之后,同时在同一个页面上也可以办理预约撤销。无论是图书预约功能还是图书预约撤销功能,其权限都是由系统后台预先设定。

三是图书借阅与续借功能。读者在图书借阅过程中,可以输入条码号和密码对自己借阅信息进行查询。Web OPAC查询模块可以将读者已经借阅图书情况一一呈现给读者,包括书刊的题名、条码号、借阅时间、归还时间等等详细信息。与此同时,读者还可以借助Web OPAC查询模块查询自己以往所有的借阅历史、图书预约情况等。当读者有续借需求的时候,可以通过该系统办理。读者必须输入自己的条码号和密码,在登录系统之后进行查询,查询结果会将读者现借图书情况进行一一列出,对有续借需求的书目进行选择。读者续借,可以对一本图书进行续借,也可以实现对多本图书办理续借。该高校图书馆在图书续借功能设计上,为保证图书资源的高效流动性、提高利用价值,对续借的图书类型、续借的次数、续借的时间都作出了限定。续借的权限在系统后台予以实现设定。

其次是数字图书资源导航子模块。该高校图书馆在数字图书资源导航设计中,努力建立统一的数字图书平台,以解决以往多个不同系统平台各自为战的问题,提高读者检索效率和使用数字图书馆的频次。该高校图书馆在Web OPAC查询模块中,因读者需要从不同的数字图书系统中对相关文献资源信息进行提取,建立起集成的数字图书馆信息库,向读者提供统一检索,并向读者提供全文阅读链接服务,该高校数字图书馆数字图书平台开放了在线书评功能,读者可以将自己的意见、观点进行在线交流和在线评论。该高校图书馆的数字图书资源导航子模块主要包含了数字图书科学的导航、数字图书的查询、数字图书信息的查看。

一是通过将图书馆内的数字图书以学科门类为单位进行分类后,通过数字图书学科导航功能帮助读者在较短时间内迅速、准确的查找到目标图书。在对图书馆图书门类分类的基础上,实施多层级、细化分分类的办法，读者根据自己需求在图书分级的基础上一步步找到需要的目标图书，将图书相关信息全方位展现导航给读者，比如图书名称、图书作者、出版机构、借阅链接以及全文链接等具体信息。

二是数字图书查询功能。读者通过图书名称、作者、出版社、ISBN号等多种检索途径进行数字图书查询；数字图书资源导航子模块将图书名称、作者、出版社、图书全文、借阅情况等分别以超链接的形式展现给读者，向读者提供详细的图书信息资料。

三是对数字图书信息的查看功能。通过该模块，能够将数字图书的书名、作者（超链接）、出版机构、ISBN、内容摘要、访问次数、对图书的所有书评等详细信息展现给读者；通过提供全文超链接、借阅超链接、作者超链接等服务，读者能够享受到数字图书的全页面资料、数字图书的借阅页面、查询到作者其他方面的所有著作等等相关详细信息，非常实用。

四是数字图书的书评功能。通过数字图书资源导航子模块，读者能够对数字图书发表书评。在书评发表过程中，简洁易操作；一旦书评内容被发布后，读者能够在交流平台上看到自己的留言，与其他读者开展互动；在书评环节，该高校图书馆还设计了“匿名书评”模块，其他读者对“匿名书评”的内容可见，但是发表书评的读者真实姓名不能体现；对于后台管理人员而言，有权限看到书评的发表人相关信息。

再次是数字期刊导航功能。在该部分，可以向读者提供中外文期刊刊名列表、中外文期刊学科浏览情况、中外文期刊信息查询和中外文期刊收录信息显示。

一是提供中外文期刊刊名列表服务。把中文期刊按照刊名首字母从A~Z进行排序，方便读者浏览。显示的完整的期刊信息，包括：期刊刊名、ISSN号、收录情况（是否被CSCD，CSSCI、EI、SCI收录）、主办单位、网址、通信地址、邮编、联系电话、馆藏信息等。

二是中外文期刊学科浏览。将中文期刊按照学科进行分类，方便读者浏览。将中文期刊按照学科进行分类，点击分类名称即可进入相应学科的期刊；显示完整的期刊信息；期刊刊名为超链接，链接到显示期刊收录信息。

三是中外文期刊信息查询。读者根据知道的信息进行期刊查询。查询的途径有：刊名、ISSN。刊名查询时候，可以选择的查询方式有：前方一致、模糊匹配、精确查询。显示完整的期刊信息。期刊刊名为超链接，链接到显示期刊收录信息。

四是中外文期刊收录信息显示。显示收录期刊的电子期刊数据库的信息。显示收录期刊的电子期刊数据库的信息，如果多个数据库收录了目标期刊，则显示多条信息。显示的信息包括：刊名、期刊数据库名称、全文收录期限、学科分类。刊名为超链接，连接到期刊数据库的年卷期页面；期刊数据库名称为超链接，连接到数据库介绍页面。

总之，该高校图书馆管理系统的创新设计主要包括了以下三点：一是重点结合国内外图书馆管理系统的现状，提出了适合高校图书馆管理平台的解决方案，并且针对其中的关键问题进行了深入的探讨研究。二是在前期调查研究的基础上，基于本校图书馆现状，建立了图书馆管理的业务模型，并根据该模型，进行了图书馆管理系统以及子系统的需求分析。三是从图书馆管理系统的需求出发，提出了基于SOA的应用框架，并设计了整个系统的技术架构。

从总体上讲，该高校图书馆管理系统在功能设计上比较简洁，基于松耦合的分层设计使系统结构清晰，负载均衡，易于扩展和维护。但该平台还有一些值得进一步研究和改善的地方，诸如：该管理系统的各个子系统之间，以及安全信息验证系统与读者交互的页面还需要进一步优化，以降低网络传输数据的大小，进一步提高网络传输的效率，减少完成单笔交易的时间。该管理系统的交易请求部分，基于传统的校园一卡通交换网络。考虑到目前校园一卡通交换网络支持交易的多样性，图书馆管理系统的业务还可以扩展到馆际互借、参考咨询等领域，进一步拓展应用范围。目前该系统对数据量很大的应用的处理能力有限，响应速度慢，对于系统的业务流程的可逻辑化需要继续去改善和优化。如前所述，高校图书馆实施管理系统已进入以知识管理和应用为核心的研究和应用阶段，提供系统的知识管理水平，对于提供系统智能性、为领导者提供更富有建设意义的决策支持，是下一代应用的亮点和挑战。

第六章　新技术下的高校图书馆管理和读者服务

第一节　高校移动图书馆的发展

随着互联网技术的普及和发展，移动信息服务已被广泛应用于人类社会活动中，传统高校图书馆的信息服务日益落后，已经开始无法满足读者的需求。移动图书馆是一种新型的图书馆服务方式，它是传统图书馆服务的在信息化方面的延伸，近年来，已成为当前高校图书馆关注的重点。在互联网技术发展的环境下，本书对当前的服务模式及内容、移动图书馆存在的问题等现状展开讨论，并提出一些移动图书馆发展方面的策略，希望在把握高校图书馆现状的基础上，为移动图书馆未来发展的研究提供一些可借鉴之处。

一、移动图书馆的概念与特征

移动图书馆（mobile library）是依托目前比较成熟的无线移动网络、国际互联网以及多媒体技术，使人们不受时间、地点和空间的限制，通过使用各种移动设备（如手机、掌上电脑、E-Book、笔记本电脑等）来方便灵活地进行图书信息的查询、浏览与获取的一种新兴的图书馆信息服务，是数字图书馆电子信息服务的延伸与补充，移动图书馆与传统的高校图书馆相比具有它独有的特征。

（一）移动性

移动图书馆，当然它最大的特征就是移动性。移动性就是无论在何时何地何处，都能够随时通过网络自主操作完成搜索和浏览，获得所需要信息资源的下载、阅读，实现读者随时随地获取现代移动图书馆所涵盖的所有信息资源。

（二）便携性

现代智能化信息技术的飞速发展，各种轻型、小型的智能设备不断涌入市场，移动图书馆在信息技术的集成下可通过App软件形式安装在移动设备上，用户通过携带这些轻型设备，并通过App实现随时随地登录移动图书馆获取所需要的信息资源，依托移动设备的发展，移动图书馆的使用变得十分便捷。①

（三）互动性

通过在智能化移动设备中安装移动图书馆的App软件，目前的软件基本都实现了在线人工和智能咨询服务的功能，用户可以随着通过登录移动图书馆查询、下载、浏览、借阅各种图书，若对查询的结果有疑问的地方，如不知道馆藏是否具有用户想要的资源，用户可以通过在线交流平台与图书馆馆员进行沟通交流，提前确认图书馆内有用户所需要的资源，无须用户来回折腾往图书馆跑而浪费大量时间，充分体现了互动性，大大提高了图书馆服务质量与水平。

（四）个性化

用户通过移动图书馆一般都是检索一些所需专业领域的各种信息资源，或根据自己的兴趣爱好、习惯特点、需求等来搜取资源，此时，移动图书馆就可以根据用户的搜索习惯、关键词等信息，通过互联网技术的优势分析用户，有针对性地为用户定制各项服务，针对性地进行个性化信息推荐、搜索等服务。

二、目前国内高校移动图书馆的服务模式与内容

（一）移动图书馆的主要服务模式

目前，国内高校移动图书馆的服务模式主要有以下几种：

1.短信服务

在手机的普遍普及下，短信服务已成为移动图书馆开展最普遍的服务方式，手机的短信已成为人类交流互动的一项工具。用户通过手机完

①陈陶平，赵宇，蔡英. 现代高校图书馆管理与服务探究[M]. 北京：九州出版社，2018.

成移动图书馆App软件的注册，并以短信的形式进行短信验证，为后面图书馆与用户之间的交流互动留下的联系方式，移动图书馆通过图书馆自动管理系统向用户发送手机短信等文字指令，内容涵盖新闻公告、倒数提醒、图书到期提醒等，而用户也可通过短信向图书馆咨询相关图书等问题，并接收图书馆的回复信息。短信服务也是移动图书馆通过捕捉读者搜索习惯，经过系统分析后向读者推荐个性化服务的通道，这种短信服务模式能够满足读者随时随地了解图书馆动态，为用户与图书馆之间提供交流沟通的便捷途径。

2. WAP网站服务

随着目前3G、4G、WiFi等网络的全面覆盖，以及智能化技术的快速发展，大多数移动智能设备都已经具备了上网浏览等功能，用户可通过手机、iPad等智能设备终端实现上网查询任何信息、资料。

VAP(Vireless Application Pror-tocol)即无线应用协议，是一项全球性的网络通信协议。目前，许多移动图书馆已经建立了各自的图书馆WAP网站，通过WAP接入，用户可以利用手持移动设备上网，登录图书馆的WAP网页，通过网页上的导航操作，用户能够自主完成图书目录查询、文献检索、图书借阅、在线咨询等各项功能，同时用户也能够通过WAP网站下载各类用户所需的信息资源。但一般这些下载等服务可能需要用户支付一定的费用，并且上网也是需要支付流量费或网费等。

3.App软件服务

App软件(Gplication)就是手机、iPad等智能移动终端上运行的应用软件，其功能十分强大，由于现代人随时随地都会携带手机、iPad等设备，App的出现极大地满足了用户的需求，同时也给相关企业带来了巨大的利益。现在App软件充斥了整个信息化时代，很多大型软件公司都在致力开发各种App软件。移动图书馆App是读者在手机上通过互联网登录最便捷的方式，无须用户购买任何附属产品，便可轻松、方便地与图书馆进行无缝衔接，与后台服务器进行数据交换，在App客户端里用户同样可以通过导航完成图书的查询借阅、书目检索、新书到馆提醒及预览、图书到期提醒与线上借阅等服务。

4.二维码的应用

二维码是利用按照一定规律分布在平面上的黑白相间的图形来记录数据信息,并在横向和纵向上表达相同的信息。通过智能移动设备的光电扫描及图像识别等来实现对信息的读取。二维码在现在基本算是随处可见,因为其使用比App方便,顾客或客户无须花费大量流量下载App软件并安装,并且也浪费各自大量的时间,这种操作在当前快节奏的环境下也显示出其劣势,因为,为了既能让客户能够随时关注,并节省客户的时间,又让商家的产品得到推广,快捷化的二维码得到了社会的广泛使用,如目前的支付功能都是利用二维码的扫码功能实现的,目前,有很多高校图书馆将二维码技术应用于图书馆信息服务,图书馆管理过程中,已经将每一本图书或期刊等配置了一个单独的二维码,这个二维码中包含了该图书的题名、作业、索书号、所在图书馆等等所有的隐藏信息,读者可以将所查取到的图书信息以扫码的方式获取并存储在手机上,方便图书的检索和借阅,同样可以利用扫描图书上的二维码查询所借图书的借阅情况,及时归还或续借图书。

(二)移动图书馆的主要服务内容与功能

近几年来,通过借鉴国外高校图书馆的发展情况,国内高校图书馆开始逐渐引进移动服务,并得到了大力推广。目前,移动图书馆通过短信服务、WAP服务及应用程序等几种服务模式,我国的移动图书馆其主要服务内容及功能包括查询服务、移动阅读、信息提示、个性化服务。

第一,查询服务。用户随时随地可通过WAP网站、手机客户端等登录移动图书馆进行馆藏信息的查询、下载、借阅、了解图书动态,在网上自助完成图书的预约、续借等。

第二,移动阅读。移动图书馆基本通盖了图书馆所有馆藏信息资源,即使不能电子化的也会以其他方式告知读者,尽可能为用户提供丰富的图书、电子刊物、馆内信息等信息资源,极大地满足读者随时随地移动性阅读。

第三,信息提示。图书馆根据用户在移动图书馆的借阅情况,根据用户的搜索需求,向用户提供图书馆与用户相关的新闻、讲座等信息,定期通过邮件、手机短信等方式提醒读者图书到期情况。

第四,个性化服务。根据用户搜索的习惯爱好及相关的专业关键词等信息,利用互联网技术及时捕捉读者的搜索信息。根据用户的特点量身定制,为每一个用户提供有个性化服务,如我的图书馆、学科服务、专家推荐等。

三、国内高校移动图书馆发展存在的问题

移动图书馆是在互联网技术下依托智能化移动设备发展起来的一种新型图书馆模式,用户可以通过移动设备终端随时随地登录移动图书馆,掌握图书馆的动态和馆藏信息资源,与传统图书馆相比,极大地方便了用户的查询、借阅。然而,事情都是具有两面性的,虽然移动图书馆具有显著的优势,同时它也存在其自身携带的各种问题。

(一)信息安全问题

移动图书馆的多项功能都是通过网络实现的,基本属于无时无刻处于与复杂、多样并且开放的网络密切联系,随着移动图书馆的不断发展,用户通过移动设备注册,网络上充斥着用户的许多信息,包括个人信息、手机号码、身份证号、银行卡等隐私信息,因此用户的信息安全问题成为用户非常关注的重点。虽然现代互联网技术在用户注册登录的时候,考虑到了保密性等问题,但网络的隐蔽性很难控制,加上病毒或者网络黑客的攻击,很难保证信息安全是绝对安全的,信息安全问题依然制约着移动图书馆的发展。

(二)文档格式不一

手机、iPad等移动设备由于受品牌影响,不同的品牌其系统的选择大不相同,如苹果使用的是ios系统,而其他的手机使用的是Android系统等,不仅如此,不同品牌的手机,其支持的格式也有很大差别,不是所有格式的文件都能够打开,因此,移动图书馆为了满足大多数用户的需求,选择何种交档格式比较关键。国内的数字资源在出版的时候,其根本没有标准统一的格式,导致用户在检索的时候会出现多种格式的内容,这时,下载的格式不是手机支持的版本,还需要用户再另外下载对应

的阅读器才能打开文件,带来了很大的麻烦。因此图书馆工作人员的工作任务之一就是要统一数据格式,以方便不同的手机登录移动设备等系统都能完成检索等功能。

(三)版权问题

数字信息网络化在满足了其资源利用效率最大化的同时,也给其自身带来了很大的问题。一部好的著作在作者辛苦创作数十载的过程中,其很可能在网络的传播下,可被无数人下载利用、转载,社会的发展,已使得整个网络充斥了海量的信息资源。由于网络具有的特有复杂性及可无限复制性,网络资源开始变得十分廉价,一些人利用了网络的这种特性,在获取资源后通过网络不断传播,进行交易引发了信息侵权问题。例如,移动设备利用网络上网功能可以在较短的时间内访问,下载、浏览数据库,并复制了一些具有版权问题的信息资源进行传播,由于IP地址很难找到,此类侵权问题很难得到处理。

(四)个性化服务

目前很多移动图书馆的个性化服务内容仅仅只是形式上的建设,并没有落到实处,与国外高校移动图书馆相比存在很大差距。高校图书馆移动信息服务在主动服务、个性化服务、协同服务、整合与创新服务等方面都存在很多不足。大多数移动图书馆主要以手机短信为主,WAP网站服务、App等应用较少,缺乏用户需求的信息,也没有做到及时跟踪用户的使用情况和满意度,从而无法获取大量关于用户的检索信息、习惯等关键信息而为用户提供个性化服务。高校图书馆应该充分发挥网络的作用,依托馆藏资源,以为读者服务为目标,对读者信息做好挖掘处理,不断了解用户的需求,向用户征求意见,不断改进移动图书馆服务系统,以完善移动图书馆的各项功能,开展个性化服务。

四、提升高校移动图书馆服务的策略

(一)对操作用户的需求体验进行跟踪

不管移动图书馆是项目合作开发还是自主开发,一套新的开发软件在使用前和使用过程中,都离不开操作用户的需求和体验,从用户的使用过程中发现系统问题,并及时完善更新,直至系统稳定运行。在用户使用过程中,定期向用户发送调查问卷,询问用户的使用情况等体验,根据用户提出的问题和建议,挖掘用户在移动图书馆使用过程中的互动信息和个性化需求,对用户提出的信息安全问题、格式问题综合考虑,并制定解决方案,持续、系统地跟踪用户的需求和动态,不断完善和丰富移动图书馆系统的各项功能模块并最终让系统稳定运行。

(二)扩大移动图书馆的用户使用率

有效地宣传推广是移动图书馆提高用户利用了服务效能的最有效的方式,图书馆员可以通过高校图书馆网站、微博平台或者微信公众平台等方式对移动图书馆进行大力宣传,也可以定期组织一些有奖问答、公益类活动,吸引更多的社会公众参与活动,了解移动图书馆的显著优势及使用的便捷性,让更多的人关注并最终通过各种方式使用移动图书馆。

(三)创新建设理念和服务理念

移动图书馆是图书馆未来发展的趋势。随着人们对移动阅读需求的不断提高,各种新型技术的不断更新,移动图书馆怎样能够保证为用户提供随时随地、形式新颖的丰富资源及优质的服务,一直影响着图书馆的发展进步。图书馆应该时刻紧跟时代发展的步伐,加大移动图书馆的建设力度,建立多元化的图书馆服务平台,时刻保持创新的建设理念、服务理念,以用户为中心,彰显图书馆的个性和特色,以保证在网络技术发展的推动下移动图书馆能够持久发展,不被社会所淘汰。

(四)提升图书馆工作人员的工作能力

高校移动图书馆是在互联网技术的基础上运行的,因此图书馆员需要熟练掌握网络技术、计算机技术,并配有专门的信息技术人员对移动图书馆系统进行管理与维护,并根据用户的使用习惯不断完善更新系统的功能等,高校图书馆拥有丰富的学术资源,图书馆管理人员需要具备信息分析、挖据的能力,不断学习新技术,承担专业化领域的导航、综合咨询等工作任务,提高移动图书馆的工作水平和服务水平。为读者提供更优质的服务。

五、高校图书馆移动阅读服务现状

(一)高校图书馆的移动阅读服务

高校图书馆移动阅读服务是高校图书馆网络服务的一种延伸,图书馆以丰富的馆藏资源为依托,以移动阅读终端为平台,为高校读者提供优质的移动阅读资源,对读者的移动阅读行为进行引导,激发读者的阅读热情,培养其健康的阅读习惯,使移动阅读成为提高读者综合素养的强大助力。

(二)当代高校图书馆移动阅读服务的特点

1.移动阅读内容学术化

高校图书馆移动阅读的服务对象主要是教师与学生,服务目的是助力高校教学及科研,帮助学生构建系统的学术体系,提升学生的学术能力与综合素质。因此,高校图书馆在选择移动阅读内容时,应以各层次学科专业资源为主,整合馆藏数字资源,注重阅读内容的学术性,引导读者从“浅阅读”走向“深度阅读”。

2.移动阅读服务手段多样化

高校图书馆开展移动阅读,引导读者从时尚阅读走向学术研究,其服务手段至关重要。第一,高校图书馆要对移动阅读进行多渠道宣传推广,如印制宣传海报、开展读者培训、嵌入新生入馆教育、关注移动阅读知识有奖答题或竞猜、在图书馆各个位置投放宣传二维码等。第二,高校图书馆可通过开展丰富多彩的读者活动,培养图书馆的移动阅读群体,如举办“真人图书馆”“名家讲坛”、有奖征文、演讲或辩论大赛等活动。活动以移动阅读为主题,体现移动阅读的思想和导向,吸引读者关注。第三,高校图书馆还可以推出基于移动阅读的服务项目,吸引读者参与移动阅读。例如,读者可以在移动阅读平台推荐图书或期刊,高校图书馆根据推荐信息进行文献采购,既满足了读者的个性化文献需求,又掌握了读者的阅读趋势,提高了文献采购质量。

3.移动阅读效果持续化

移动阅读服务应是高校图书馆的一项长期工作,图书馆应通过各种方式不断强化移动阅读的效果。读者成为图书馆的移动阅读用户后,其受到的影响是长期的、可持续的,甚至在其毕业离校后,在高校图书馆培养成的阅读习惯依然会影响他们的成长,使其受益终身。

(三)高校图书馆移动阅读服务实现全民化

1.移动阅读服务对象全民化

传统的高校图书馆阅读服务受实体空间及资源限制,只能服务于校内读者,而移动阅读服务的开展突破了这种限制,为高校图书馆推动全民阅读奠定了基础。例如,超星公司针对高校图书馆定制的歌德电子书借阅机,只要是在高校图书馆注册的读者,只需通过身份验证,就能下载图书馆的馆藏电子资源,而不受地域和IP的限制。高校图书馆服务对象扩展至全民化,是图书馆推动全民阅读工程的第一步,移动阅读平台的出现打破了传统图书馆空间与资源的限制,使社会公众有了平等获取阅读资源的可能。随着移动平台技术的快速发展及移动阅读资源的日趋丰富,高校图书馆必将最终真正实现对社会公众开放,实现阅读权利的平等化。

2.移动阅读服务内容适应全民化

高校图书馆的主要读者群决定了其提供的移动阅读内容具有很强的学术性,大部分内容并不适合社会公众阅读,如果将阅读内容不加区分全盘推送给社会读者,不仅会使其对学术资源产生畏惧感,使适合他们阅读的内容湮没其中,还会造成资源利用障碍。因此,高校图书馆推动全民阅读必须解决阅读内容的分级问题。高校图书馆应根据读者的阅读能力对读者类型进行划分,通常可划分为研究型、学习型、求知型三种。研究型读者具有一定的学术研究能力,主要包括高校教师、研究生群体及科研院所的研究人员等,这类读者对图书馆文献资源的深度、广度和精确度要求都比较高,是高校图书馆中外文数据库、各类学术资源的主要使用者。学习型读者主要包括在校本科及以下的学生和社会上有学习需求的读者,这类读者阅读的主要目的是完善自身知识体系和提高自身能力，是占高校图书馆读者比例最大的群体，文献需求也最为广泛。求知型读者是指以满足自身兴趣和爱好为目的的读者，这类读者的阅读内容多是娱乐和消遣性质的文献。此外，高校图书馆还应针对特殊类型的读者，如儿童、老人、残障人士等，提供适合他们的文献。

高校图书馆在划分读者类型后，即可根据不同类型读者的需求情况，在移动阅读平台建立专门的读者入口，以方便读者进行选择性阅读。阅读内容分级并不是为了限制读者的阅读权限，而是为了节约读者时间，提高阅读和检索效率，消除读者利用图书馆资源的技术障碍和心理障碍。

3.移动阅读服务方式延伸全民化

移动阅读出现后，高校图书馆的服务方式也发生了变化。例如，基于移动图书馆客户终端为读者提供的WAP推送服务、短信通知服务、预约及超期提醒服务等，是高校图书馆传统服务方式在移动阅读终端的延续与拓展，其服务方式更加便捷。电子书借阅机也是高校图书馆移动阅读服务走向全民化的一项措施，社会读者可以通过电子书借阅机借阅高校图书馆的部分电子资源。而基于公众平台的移动阅读服务是高校图书馆将服务真正延伸至全民化的方式，如图书馆的微信和微博平台对关注群体并没有身份限制，校内外读者均可进行关注。高校图书馆在微博、微信平台推送的各种移动阅读服务，如“经典导读”“新书推荐”“美文共赏”等，校外读者都能看到并参与互动。高校图书馆的资源及服务通过移动阅读平台让更多的人受益，对全民阅读推广也发挥了越来越大的作用。

4.移动阅读服务效果追求全民化

高校图书馆开展移动阅读服务的目的是吸引更多的校内外读者走进阅读的世界，更便捷地为读者提供阅读资源，更及时地满足读者的阅读需求，使阅读全民化。而移动阅读本身就具有全民性，已经成为人们主要的阅读方式。高校图书馆要实现移动阅读服务效果的全民化，一方面，应积极发挥移动阅读的优点，注重移动服务资源内容的精炼化、服务形式的多样化及服务界面的亲切化，吸引各年龄段、知识层及不同职业的读者将目光聚焦到移动阅读上；另一方面，高校图书馆应秉承开放服务的理念，尽可能实现阅读资源获取的平等性，消除本校读者与社会读者之间的资源获取差异，最终达到服务全民的目的。

移动阅读时代的到来使全民阅读的进程大大加快，越来越多的人成为移动阅读的受益者，而肩负着阅读推广重任的高校图书馆更应该借此机会利用好移动阅读平台，面向全民开放，在全民阅读推广活动中发挥积极的作用。

高校移动图书馆是一种新兴的图书馆信息服务，是数字图书馆电子信息服务的延伸与补充，也是对传统图书馆的发展和补充，随着现代互联网技术的飞速发展，移动图书馆以其特有的特征为读者提供了许多便捷、个性化等服务，相比于传统图书馆等具有突出的优势，移动图书馆已经成为图书馆未来发展的一种趋势。

第二节　高校图书馆微博服务

微博的使用，能够使图书馆在信息服务方面更具互动性、实效性以及影响力。在使用微博过程中，应根据读者实际需要和具体特点，设置多个部门账号，使用不同账号开展信息互动与传播，部门和部门之间各司其职的同时，又有一定联系，进而使不同账号形成比较完整的体系。在此情况下，不仅能够促进图书馆和用户之间的交流，也能加强图书馆部门和部门之间的沟通。

一、微博具有的特征

与其他媒介相比，微博的传播速度更加迅速。微博这种社交平台是社会信息化发展的必然产物，对人们在相互交往的方式及信息传递方面都产生了巨大的影响。

（一）及时性

微博网站在通讯方面十分及时、迅速，及时通信功能非常强大，微博虽然也和QQ,MSN等一样属于社交软件,但不同的是对于社交而言更偏重于内容,而且目前使用移动形式和PC形式终端的用户很多,大部分用户都习惯通过手机阅读信息,而且移动终端更加方便、快捷,用户也可以利用空闲时间随时随地浏览信息,不受时间和空间的限制,体现出微博强大的及时性。[①]

(二)互动性

对于微博平台而言,其传播方式是人与人之间的一种接力,对于每个人而言,是集信息发布者、信息喝彩者、信息推动者、信息阅读者、信息旁观者等角色于一体,加大了信息传播过程中的互动性,通过对微博进行科学合理的利用,可以对其目标受众进行有效的舆论导向。

(三)精准性

利用微博中用户关注这项功能,能使用户覆盖更加精准。由于只有更加关心上传者才会更加关注其微博,所以其受众更加精准。

二、高校图书馆提供微博服务的可行性

(一)用户基础广泛

高校学生对于微博的利用比较广泛,这为图书馆开展微博服务提供了良好用户基础。就当前社会发展现状来讲,有接近80%的学生有微博,有将近25%的学生会每天登录微博,一周登录一次的人群占8%左右,不定期登录的人群占50%左右,由此可见,微博已经成为大学生日常生活中的重要组成,这在一定程度上为高校图书馆开展微博服务提供了便利。

(二)丰富资源基础

高校当中,文献信息资源比较丰富,图书馆可以将文献资源分类,整理之后,在微博中为学生呈现基本、核心的单元知识。丰富的文化资源是高校图书馆提供微博服务的重要物质基础,有利于图书馆自身服务水平与服务质量的提高,学生在服务水平与服务质量上都能得到有效保障。

①谢薛芬. 浅谈高校图书馆工作[M]. 杭州:浙江工商大学出版社,2018.

(三)应用平台零成本

国内微博平台多数属于免费,高校图书馆也是免费使用。在此情况下,能够免去服务平台搭建成本,也不需花费维护、使用平台的成本,这在一定程度上能够免去高校在资金方面的压力。

(四)实现实时互动

微博在使用时,能够在多个平台,不同终端上跨越使用,内容上简明扼要,这为信息的生产、使用、传播创造了良好条件,使知识信息在传播时保证自身及时性。同时微博的使用,能够实现对自由、平等信息交流环境的构建,使信息在外享时的公开性、公平性得到了较为充分的保障。最后,微博在使用时主要是基于用户关系,在传播模式上实现点对面,信息得到迅速扩展与延伸,在此情况下,能够实现信息全面共享。

(五)方便快捷

微博用户在使用微博时,不需对网页制作、网站框架、网络资源编程、网络资源组织有过多认识和了解,也不需特别技术培训,将网络连上之后,就能够快速直观的掌握微博在操作时的各种技巧。同时大学图书馆也不需配备专业技术人员对微博进行维护,只需在使用微博时注重信息服务质量的提升便可。除此之外,也便利了馆员工作的开展,在使用微博开展信息服务时,不需花费大量时间学习。

三、高校图书馆开通微博服务的重要作用

(一)提升文献利用率

信息服务在开展时,应该注重及时性、实效性的体现,为用户提供价值性信息。高校图书馆在工作开展过程中,也应重视这方面的体现。微博具有跨网络、跨平台,传播速度快的特点,并且用户基础比较广泛,图书馆将信息发布出去之后,便能及时被分享。同时图书馆可以通过微博关注,和用户之间实施互动。在此情况下,不仅能够了解用户需求,也能为用户推荐符合其需要的馆藏资源,或者是进行新书推荐。

(二)增强互动性

微博属于开放平台环境,在使用时能够摆脱一些思想上的束缚,将

自己心中真实声音表达出来,用户在使用时能积极参与问题讨论。同时通过评论、回复、转发、分享等多种形式,实现良好互动。图书馆可以针对某个问题引导用户进行讨论,进而使信息服务在开展时更具针对性。

(三)实现知识共事

在使用微博时,可以利用其回复、关注、转发等多种功能,发现一些前沿信息以及动态领域信息。然后不断对个人经验、灵感、习惯等进行更新与碰撞,形成具有内涵的全新知识点,使知识由隐性向显性转化,促进知识扩散与共享。

(四)提高高校图书馆影响力

微博营销对于品牌的发展有重要意义,微博在使用过程中获得了较为广泛的认可。对于高校图书馆来讲,也需要相应的平台进行自我营销。在此过程中,需由专人负责这项内容,对图书馆资源、服务进行整个与推广,使其发挥传播知识、传递正能量的作用,提高其整体影响力,增强其品牌效应,进而获得更长远的发展,获得更多用户的认可。

四、微营销背景下图书馆微博服务的问题及解决措施

(一)建立微博初步认知

如今,在图书馆中推行微博服务还刚刚起步,还需有足够的耐心对其探索研究。上述问题也正是导致部分图书馆无法认清当前微营销的社会环境下微博服务重要性的主要原因。虽然部分图书馆推出了微博服务,但并未真正发挥微博的作用,而仅仅是流于表面,而且在其微博内容上也十分单一枯燥,毫无新意,仅限于公告、推介或转发。

对于图书馆中的相关工作人员而言,对微博也仅仅是刚认识其皮毛,其认知也仅限于对信息进行传递的功能,并未深入探究微博的其他功能。故而,图书馆应清楚地认识到微博对服务质量造成的深远影响。以微博为媒介,向读者发布各种资讯与消息,加强与读者之间的交流,并对读者进行引导,向其提各种类型的电子资料。要使微博服务更加优质,就必须从读者入手,改变其传统观念,接受并认可微博这种新的信息服务形式。

(二)对微博相关宣导、推介解释分析

要想提高图书馆微博服务质量,就必须对其进行宣传、引导、推荐及介绍。但根据对部分已推行微博服务的图书馆调查研究中得知,许多图书馆并不是很重视宣导和推介,只是在其主页上简单的描述,但一段时间后便会被其他类型的告示所淹没。因此,对现今图书馆实施信息化相关建设而言,如何让读者对微博感兴趣便是其工作的难点。由于图书馆经常会开展一些图书活动,如数字资源相关推介、举办阅读主题的座谈会、对原创论文进行欣赏等,可以邀请读者共同参与具有特色的活动,利用微博对其进行宣传、引导、推荐以及介绍。可以在微博上进行竞赛成果展示,利用其各类版块,让读者之间相互交流、各抒己见,通过物质或精神类型的奖励激起读者对微博的兴趣。而且,还可以将其微博的相关账号链接放置于图书馆的网络主页上,或在其各版块如资料库和图书阅览区对微博进行宣传和介绍。此外,还可以对转发其微博的读者进行奖励,如读者转发规定数量以后便享有延长借阅时间和借阅数量的权利。通过这些营销手段,引起读者对其微博的兴趣,熟悉其服务模式,以此使更多的人关注图书馆微博。

(三)提供创新性服务

要想提高对其微博关注的人员数量和关注程度,就必须在其发布的相关内容中凸显其图书馆独有的特色。然而微博所发布的内容包括公安领域、交通领域、食品领域、旅游领域、税收领域等众多方面,而且紧密贴近人民群众的日常生活,其关注者更是数以百万计。因此,图书馆如果想要吸引更多的关注者,其内容就必须紧随时政热点以及各种惠民策略。其实对于微博而言,并非只是发布一些讯息及各种告示或发布论文和转载他人的论文,还可以融入其他类型的信息,例如对时事热点进行转载、对天气进行预报、各路公交的相关查询等与人们生活相关的信息;通过微博具有的共享功能,可以将其工作经验以及相关奋斗史进行共享,转发一些具有社会价值、人们比较感兴趣的新闻或有趣的图片、影像等;使微博更具时效性、更便于操作,将其与微信进行融合,将图书馆的相关微信账号在其主页上进行发布,利用微信研究开发出“我的图书馆”

系统,方便读者借阅图书。

五、高校图书馆微博服务体系建设策略

(一)新闻微博

1.发布公告、开展管内咨询

新闻微博的使用,能够将图书馆中不同类型通告、开馆时间、工作动态等进行及时发布。就图书馆微博来讲,有着辐射范围广的优点,信息在传播时呈裂变状,能够使传播效果以一种点对面的形式呈现,进而使用户及时了解图书馆全新动态。

2.图文咨询

通过微博转发、相互关注等形式,能够使图书馆工作人员对图情界最新研究方向、动态有所了解,将这些理论内容运用到读者服务当中。也可将博客上或者是网站上业内相关新闻、关注热点、研究方向等方面以链接加标题的形式在微博中发布,进而实现信息共享。在此情况下,能够促进信息服务整体能力的提升。

3.公关处理

在微博中,能够做到第一时间收集突发事件的咨询,并且实施现场报道。在微博平台中为用户发布准确、及时且权威的信息,尽量使不确定因素造成的恐慌得以消除,用户在面对突发事件时获得行动指导,图书馆由于问题处理不当造成的损失得以减少。

(二)咨询参考微博

1.交互式咨询参考

用户在使用微博时,如果有问题想要咨询,可以直接使用@功能,然后由图书馆专业人员进行解答,同时可以使用微博中的私信功能,和馆员之间进行一对一交流。馆员通过对微博双向特点的利用,能有效实现咨询服务,并针对某个热点话题进行共同讨论,了解更多用户需求,也能使用户在使用微博时积极提出意见与建议,使图书馆在发展中不断优化自身服务,使服务内容得以拓展,提升整体服务水平。此外,馆员和馆员之间也可以进行沟通与交流,在学术方面进行探讨,进而实现自身业务

素质的强化。

2.新生培训

当前有80%的高校学生都会开通微博,因此高校可以利用微博服务功能对新生进行培训,在新生入学期间,可将图书馆相关视频在微博上置顶,并利用微博中的微盘功能,将课件、培训视频、文献检索等内容通过移动设备上传至微博,和用户之间随之随地进行分享。如视频容量比较大,可先将视频发布在视频网站中,然后利用微链接加摘要的形式,将信息发布在微博上,构建网上培训课堂。

(三)文献微博

1.文献检索、文献催还

在使用微博时,可以使用浏览器插件将OPAC和催还信息发送至微博页面当中,使其嵌入微博系统。进而在不退出微博系统的情况下,就能查询到相关信息,在两个页面之间随时转换。

2.馆藏资源

在对馆藏资源进行介绍时,可以开展个性化宣传,利用图片、文字、视频等多种形式,用户不需要进馆,就能对图书馆馆藏和图书馆服务有所认识和了解,不断拉近和用户之间的距离,并运用粉丝互相转发的形式,实现对图书馆资料的免费宣传与推广。

3.书刊推荐

在使用微博开展服务时,可以及时将图书馆的新图书书单公布出去,进而使用户在第一时间就能了解馆藏资源的更新。并通过粉丝评论、粉丝互动等形式,了解用户实际需求和阅读倾向,使用户获得和自身实际需求。就书刊推荐方式来讲,可以分为作者、书名、书刊简介、出版社等多种形式,使用评论加转发的形式,形成新的微博加书评、封面图片、书感等,也可以在微博内容当中将书感、书评等插入进去,使用户在阅读方面的需求得到满足,并对用户进行优秀学术资源引导,发挥微博在导读方面的作用。

4.推荐电子资源

微博中,可以定期对电子期刊名单、电子图书单进行发布,实现对电子信息资源的有效推送，进而发挥对用户的吸引作用，使用户了解前沿性的文献资料。

（四）特色馆藏微博

一些特色性馆藏资源，如果不通过宣传的形式，往往难以达到预期效果。因此图书馆可以利用微博对古籍文献、特藏馆、特色资源进行推荐，进行重点推送，并且以不定期的形式将特藏资源在微博上发布。通过这种方式的运用，能够使用户对馆藏资源有更深入的认识和了解，也能使图书馆在用户心中树立良好形象。

（五）活动讲座微博

微博在发文时，可以运用话题加内容的统一形式，对活动进行系列性播报，在此情况下，更便于用户进行追踪。具体实施时，主要是三个阶段，即前期预报，包括地点、时间、内容、人物几要素，活动预告的实施能够发挥召集人马的作用。中期活动的直播，能够利用微博发布相关进展图片、文字、视频等报道内容，即使部分人员未能到场，也能获得现场相关信息。后期展示总结通过微博的使用，能够将活动的真实情况详细、完整的记录下来，获得较好宣传效果。就讲座来讲，可以在微博中将专家介绍、题目、内容简介、地点、时间等发布出来，而不仅局限于传统模式下的网站发布、海报形式，在此情况下，能够使受众范围更广泛。

总之，高校图书馆能够发挥传播文化、传递知识、弘扬正气的作用，在利用微博提供信息服务过程中，需努力将不利因素克服。就当前高校微博服务体系建设来讲，尚处于初级阶段，存在的问题比较多，如粉丝数量、开通数量、发布数量等。微博作为新型服务平台，便捷性明显，能够弥补图书馆传统服务模式中的不足。通过对微博的利用，能够推动高校图书馆的快速发展，为用户提供更优质的服务，甚至在一定程度上能推动文化产业发展。

第三节 高校图书馆微信公众平台应用

微信公众平台是运营者通过公众号为微信用户提供资讯和服务的平台。在高新技术快速发展的今天,移动互联网技术迅速发展和普及,以微信为代表的新媒体平台作为大众交流、信息传播的新兴方式,已成为传播和接受信息的重要渠道。可以说,微信在影响着中国和世界,影响着人们的行为方式和交往方式,微信公众平台以简单、低成本的服务方式,使得众多大学图书馆开通微信公众号,用于信息服务工作。

一、建立高校图书馆微信公众平台的意义

目前,微信公众平台已经成为包括自然人在内的各种社会主体进行社会交往,传播和获取知识的重要途径,其优越性日渐显现。目前各高校都有自己的门户网站和微信平台,但高校内部机构,因为不是具有独立的主体地位,多数高校内设机构均没有独立的微信平台,而且因为业务性质,绝大多数机构也确实没有建立独立的微信公众平台的必要,但微信平台对高校图书馆则具有特殊意义。①

高校图书馆是师生获取学术资源、开展学术研究、进行知识创新的重要场所,同时,高校图书馆也承担着一定的社会服务职能。信息获取和知识传递是其主要职能,如何拓宽渠道,及时获取和传递信息和知识,服务于广大师生,一直是高校图书馆探索的重要课题。

微信公众号可以将自身品牌特色利用公众平台推广给所有关注其微信公众号的用户,微信公众平台因其服务形式的灵活多样和及时性、互动性、共享性等特点,成为更多机构和个人提供服务、选择服务和接受服务的便利工具,在已经步入信息时代的今天,对于知识和信息传播,更具有重要意义。

①陈进. 大学图书馆服务体系建设[M]. 上海:上海交通大学出版社,2012.

二、微信公众平台在图书馆中应用的优势

对于高校图书馆阅读推广来说，一般只是进行线下活动，例如我们最常见的开展讲座或者是知识竞赛等，这都是进行宣传的最基本的方式。但是新媒体时代的到来，微信被越来越多的人关注和重视所以很多高校会通过微信公众号这一平台进行阅读推广。

高校图书馆应用微信公众号进行推广，可以更多地发布阅读推广活动的有关信息，而且相对于传统的一些推广形式来说，它能够最大限度地降低成本，同时还能达到更快的传播速度并扩大传播范围，所以宣传效果会比传统模式效果更好。

很多高校图书馆进行线上加线下的模式进行推广，这种推广形式能够让读者不再被时间和空间所限制，而且能够覆盖更多人群，使阅读更加方便快捷。

随着互联网的快速发展，高校图书馆可以通过读者的阅读痕迹为读者推送相关信息，从而进一步了解读者的兴趣爱好与阅读关注点，从而设计出更加精准的阅读方案。

图书馆可以通过微信公众号与读者进行时时交流，我们可以看到微信公众号上的留言，从而进一步促进图书馆推广，拓宽了图书馆发展的维度和深度。

高校通过微信公众号进行图书馆的推广可以促进图书馆的整体建设，而且图书馆还可以通过微信来组织广泛的阅读活动，最大程度地发挥高校图书馆的阅读功能。对于高校图书馆来说，主要目的是对图书资源进行整理排序，为教师和学生提供更多的阅读资料，所以扩大图书馆的推广渠道，能够让教师和学生接收到更多的资源信息，从而更好地开展学术活动。因此，高校图书馆要充分应用微信公众号进行推广，让更多的读者了解到图书馆的资源信息，可以在很大程度上实现垂直的传播，使读者在阅读、查看动态的时候可以突破时间和空间的限制，同时还可以为读者提供一个良好的沟通互动平台，让读者更加具有阅读的积极性和趣味性，有利于完善高校图书馆微信服务平台。

三、微信公众平台在图书馆应用中存在的问题

（一）服务职能方面存在问题

随着科技的进步与发展，微信这一功能也受到更多的关注和重视，所以微信公众号的应用可以使图书馆建设更加完善。但是根据调查发现，很多高校图书馆微信公众号推广主要人员还是学生，但是学生的管理能力以及相关技术水平相对欠缺，不能够对微信公众号这一平台有深入了解和研究，这就导致很多功能被闲置。常见的问题比如在微信公众号中文章段落或者是字体存在错误，而且语句也会不通顺，所以对于一些文化素养较高的学生来说对错别字敏感度较高，就会降低阅读兴趣，其次，很多高校教师和学生对于微信公众号的了解还不是很透彻，而高校图书馆在微信公众号上的宣传也达不到一定力度，让学生和教师对其关注度不够，这就降低了阅读的有效性，影响阅读推广的效果。同时，高校图书馆对信息推广没有精准的定位。高校图书馆通过微信公众号进行推广时有时可能没有考虑到时代的发展和潮流，只是盲目的进行推广，没有本学校的特点和针对性，导致同质化现象严重，没有本校鲜明的个性和特色，从而降低了读者的关注度。

（二）微信移动服务方面并没有得到开发

首先，高校进行微信公众号图书馆推广时对信息交流服务有太多依赖，而且在新媒体时代背景下很多高校会与初衷相违背，在公众号上随意推广信息，反而并没有达到想要的结果。对于微信公众号来说，读者并没有很强的依赖性，其首要原因就是新媒体信息泛滥，读者关注了较多公众号从而忽略了图书馆信息的推广。由此可知，我国高校图书馆通过微信公众号进行推广时并没有对读者有深入的了解，根据读者的兴趣爱好进行信息推广，而且微信推广手段单一、没有创新，以及推广内容的问题都会降低读者的阅读兴趣。所以，高校图书馆在推广过程中需要不断改进。

四、微信公众平台在图书馆应用中存在问题的解决策略

（一）高校图书馆进行推广时要了解读者的阅读爱好

第一，高校图书馆可以在微信号上专门开设一个能够与读者互动交

流的专区，读者可以进行留言或回复，从而解决读者在阅读过程中提出的问题。第二，高校图书馆还可以通过微信公众平台进行问卷调查，征求读者的建议，为以后的活动推广提供具有针对性和专业性的指导，微信公众号管理人员还可以对读者阅读轨迹进行统计，根据读者的阅读爱好进行信息的推广，从而使推广更加精准。对于推广来说，主要内容包括文学类、艺术类、哲学类等，在内容上富有广度和深度，增加读者喜闻乐见的信息。所以图书馆信息的推广要精准定位。

（二）微信公众号推广人员要有较强的管理能力

高校图书馆的推广管理人员专业素养和能力是至关重要的。管理人员在推广中要能够发现存在的问题并且进行及时调整，达到优化推广的目的。管理人员不仅会涉及文章的编写、还有文章的主题设计以及文章的排版布局等，从而使公众号更加完善，提高读者阅读兴趣。所以，要对推广人员进行培训和指导，提高管理人员的专业技能，从而使图书馆推广工作更加顺利。

（三）推广过程中要注意线上和线下密切结合

微信公众号不仅是对线下活动的有效宣传，而且还是线上推广的关键。同时还可以组织相关活动，例如线上投票、推广作品创新征集等，这些活动能够使图书馆推广更加丰富多彩，线上推广与线下推广的有效结合可以提高教师和学生的阅读兴趣，丰富阅读体验，高校图书馆在推广过程中要进行资源的整合，一定要加强对技术人才队伍的建设和完善，丰富平台的发布资源，推送内容要广泛、全面，不能杂乱无章，并且在推广内容中可以插入图片和小视频，再加上排版的美观，使读者有更好的阅读体验，从而最大程度达到推广效果。总之，以师生需求为精准定位，对内容进行合理规划，推送一些大众喜闻乐见的书籍和讲座等，有利于有效增强平台与读者之间的交流和互动，提升二者之间的密切联系度，进而提升读者的阅读能力，推动高校图书馆微信公众服务平台的建设与发展。

高校图书馆在新媒体时代的大背景下将微信公众平台应用于图书馆的建设中，在很大程度上满足了教师和学生的阅读要求，促使高校图书馆在广度和深度上不断发展。微信公众平台在高校图书馆被广泛应用,从而使图书馆更加信息化和智慧化。同时,微信公众号可以大力推广图书馆信息,使读者通过公众号就可以提取到自己想要获得的信息,与此同时,我们还需要从本质上认识到高校图书馆微信服务平台的建设与发展存在许多不完善的问题和缺陷,需要不断探索与寻找更加符合时代发展以及满足大众读者需求的方案和措施,借鉴国内外先进的技术和方案、创新的服务理念、建设完善的管理系统,全面提升高校图书馆的工作水平和效率,满足广大读者的实际需求,促进高校教育可以更加长远的发展。因此,高校图书馆要充分应用微信公众平台,并且创新微信功能从而更高效地应用。

第四节　开放数据与高校图书馆读者服务

计算机和互联网技术的飞速发展带来了海量的数据资源。随着大数据时代的到来,人们越来越重视网络数据资源的可挖掘价值。人类社会在生产生活过程中产生了数不清的原始的以及在此基础上加工形成的数据,包括各类图表、文字、图片、声音、影像、数值等。在这些数据资源以几何级数增长的当今,势必对人类社会的信息活动产生巨大影响。高校图书馆作为一种信息资源的集中地,要发挥自身优势,提升服务层次,从开放数据的角度为用户提供更深入的服务。①

一、科学数据

大数据时代的到来为高校图书馆传统的移动信息服务带来了巨大的冲击和变革,同时也为图书馆移动信息服务的升级和拓展提供了宝贵的机遇。庞大的图书馆用户群和应用市场,使得高校图书馆成为大数据的主要承载对象。为了解决海量数据带来的一系列问题,寻找基于大数据的最优解决方案,是图书馆转型和升级的重要手段,提高图书馆的服

①程显静. 图书馆建设与发展研究[M]. 北京:华龄出版社,2018.

务效率将成为高校图书馆核心竞争力的重要组成部分。从大数据元年——2013年开始，科学数据逐渐被作为一种新形式的生产生活要素而存在。科学数据的最重要特点在于其实时性，因此对于科研等工作有着非比寻常的意义。科学数据资源属于信息资源的范畴，与科研论文和其他各种类型的学术科研成果一样，它也是一种重要的科研成果产出。同时，它又是科学研究不可或缺的重要组成部分。

二、开放获取数据与高校图书馆

由于各种存储和处理技术的制约，大量数据资源难以得到妥善的保存，为科研和其他生产生活活动带来了很大的损失。现阶段，世界各国都愈发重视科学数据的保护和开发利用，开放获取数据资源已经在国内外的学术、科技及其他各个领域达成共识。

2015年9月，国务院印发了《关于促进大数据发展的行动纲要》，从国家层面系统地部署了我国的大数据发展工作。在科学数据共享工程的推动下，目前我国的数据资源开放体系已具备一定规模，包括科研、特种文献及其他文献在内的五十多种资源类型都囊括其中。在这个庞大的资源体系中，各类资源按照不同的划分方式可以呈现各种交叉关系，为进一步的科学研究提供了很好的基础。德国数字图书馆(DDB)于2013年11月4日正式发布应用程序接口(APD)，向公众提供开放数据服务。图书馆以API的方式提供馆藏数字资源的开放共享在全球尚属首次。以往高校图书馆基本只面向本校用户，为他们的教学科研服务。

在信息化和数字化趋势下，作为高校信息资源的三大支柱之一，图书馆要拓宽服务范围，在信息存储和检索的基础上，开发数据传递、资源共享等更多服务内容，不仅是图书馆对用户、对用户服务的负责，也是一种对图书馆事业的发展，对图书馆形象和地位的提升。

三、高校图书馆提供开放数据服务的优势

高校图书馆专业性强，有从事信息资源分析、整理的专业人员和长期的信息资源管理经验。一直以来图书馆对各类纸质文献信息资源以及数据库资源进行分类、编目、整理以及资源整合、数据挖掘、文献传递

等工作，各类专业人员聚集，具备提供开放数据服务的基本资质和优势。这种专业能力是在图书馆工作的长期进行中形成的，不是一蹴而就的学习就能够轻易取代的。

高校有稳定的、专业性极强的师资队伍和科研人员。高校教学、科研专业性强，对信息资源的需求针对性强，图书馆的学科馆员在与教学科研人员交流服务中也能掌握其专业动态和最新前沿科学，从而能够提供最符合其需要的开放数据资源，这也为图书馆提供开放数据服务进一步奠定基础。

开放数据服务是高校图书馆职业专业能力的范围扩展。经过长期对纸质文献资料进行的分类、整册、分卷和内容分析等不同层次的管理和组织，高校图书馆渐渐具备了数据资源管理和组织的职业专业能力。这种职业专业能力通过不断地发展和进步，已经延续到对数据文献资源的组织管理之中，例如对数据文献资源进行的检索、下载、传送、存储等组织管理。这一职业专业能力也就成为高校图书馆开放数据服务平台的固有优势。这也是高校图书馆对开放数据资源进行组织和管理的基础。

高校图书馆的开放数据资源具有可靠性和专业性。高校图书馆的专业学科馆员都与学校各院系长期保持稳定的联系，他们十分熟悉自己对口服务的专业学科教育所需要的各种文献资料和数据资源内容。在将专业性的数据资源服务向用户提供时，他们对数据资源的内容和类型选择方面具有很高的教学使用度与专业吻合度，这在很大程度上提高了图书馆开放数据资源服务的质量和水平。

四、高校图书馆开放数据服务需要注意的问题

（一）保护用户的隐私权

开放数据在为用户提供便利的同时，随之而来的也有诸多的问题和风险。一些高校图书馆开放数据服务平台会对用户进行位置信息的采取和身份账号的认证。这就容易造成读者个人隐私的泄露。除此之外，黑客的攻击也是高校图书馆开放数据的过程中可能碰到的问题，后果严

重的话不仅会对数据资源造成毁坏,而且用户的个人隐私乃至财产安全都有可能受到侵犯。因此,高校图书馆需要不断加强开放数据平台的安全性建设,在为用户提供数据资源服务的同时,注重好用户隐私权的保护。

(二)保障开放数据资源的安全

以网络为基础进行的信息资源传播是高校图书馆开放数据最主要的特点,而那些为用户提供的数据服务容易成为受攻击的目标。高校图书馆开放数据服务平台面临着较为复杂的网络环境,信息资源高度集中,如果受到攻击就会造成很大程度上的资源损失。高校图书馆一旦实现高度的数据资源开放和共享,很多网络黑客都能轻易利用系统存在的漏洞,进行数据窃取或破坏数据资源等活动。有些高校图书馆将数据资源利用云存储技术进行存储,虽然达到了灵活、高效的目的,但是相对带来的信息资源安全威胁也是不可忽视的,所以开放数据资源必须要做好安全问题的保障。高校图书馆服务人员要经常对服务平台进行维护和检测,及时处理一些隐在的风险,才能保证为用户提供的开放数据资源服务的有效性和安全性。

(三)提升数据资源开放的透明度

高校图书馆开放数据服务平台应当结合社会各界的意见,合理地对数据资源开放的内容和对象进行甄别和筛选,与此同时还要兼顾公开透明的原则。高校图书馆应当取消访问权限和内容等方面的有关限制,全面对外开放,为社会各机构团体和个人提供数据資源服务。如果某些数据资源内容涉及国家安全等重要性问题,高校图书馆可以设定相关限制,保障开放数据服务符合法律制度规范。而对于涉及公民隐私的数据资源,高校图书馆可以通过实时监控和服务平台周期性检测等方式来确保公民隐私不被盗取和滥用。

总之,处在大数据时代背景下的高校图书馆,不能局限于校园服务的结构框架之内。开放数据服务是实现其资源充分利用和创新服务模式的最佳选择,也是有利于高校图书馆可持续发展的重要因素。在信息化十分复杂的网络环境之中,高校图书馆要想革新传统的数据服务模式，拓展服务范围的广度，实现数据资源的最大化利用，必须在满足用户需求的基础上，完善自己的服务流程，保障数据资源的安全和用户的隐私权，公开向社会全面开放。开放数据服务平台也是高校图书馆顺应当代潮流所做出的正确决策，这一决策虽然面临着诸多问题和挑战，但是就其前景来看，只要高校图书馆结合信息技术不断完善自身服务，在未来的数字时代社会中将会发挥至关重要的作用。

五、高校图书馆提供开放数据服务的前提

（一）整合资源

创新，是高校图书馆工作发展的动力。高校图书馆工作的基本对象是各种信息资源，要创新就要以用户需求为目标对资源进行整合、开发、挖掘，为数据资源的开放提供保证和技术支持，为教学科研服务的进行发挥最大价值。

（二）数据资源科学管理

大数据时代的背景下，手持可移动终端设备的普及，使得获取简单的、基本的信息资源变得手到擒来，要满足用户需求，图书馆对于数据资源就必须进行科学管理，在简单数据的基础上进行文献的深层分析、数据挖掘、二次文献等管理活动，用专业人才及其知识和能力打造深层次服务。

（三）馆员角色转换

在信息化时代，高校图书馆员的工作内容、服务对象、能力要求都有很大的变化，其职业发展前景也会受到影响。图书馆员不再是窝在办公室与图书资料、计算机或者是单纯的上门用户打交道，而是要走出去与主动了解用户需求，以为用户提供专业吻合度高的服务为目标。

（四）转变工作理念

高校图书馆首先要加强对数据资源的认知度，提高电子资源采购比例，再辅以网络免费资源，做好开放数据服务的基础准备。其次，加大开放数据服务的宣传力度，使校内外用户能及时了解到数据资源也是图书馆馆藏的一种补充形式。最后，举办有关开放数据服务的活动，邀请教

学科研人员积极参与,从另一个角度来提高开放数据服务的认可程度。

(五)加强资源建设

第一,增加购买经费,加大投入力度。第二,鼓励高校图书馆工作人员利用专业知识和经验建设特色数据资源。第三,收集整理学校教学科研人员的项目、课件、论文等形式的研究成果,分类建立本校数据资源库,使这些资源得到有效保护的同时,为本校用户提供更便捷的服务。第四,各高校图书馆间加强合作交流,互通有无,既能节省经费,也能提高资源的使用效率。

六、高校图书馆提供开放数据服务的一般内容

(一)数据检索、整合及存储

文献检索是图书馆一直以来的传统服务内容之一,检索课程是很多高校图书馆专业都开设的科目,因此高校图书馆对此项服务的专业性是毋庸置疑的;同时,高校图书馆学科馆员与各院系专业密切联系,熟知用户在教学科研方面的具体需求。在此基础上,专业的工作人员对于数据整合、存储等一系列服务内容在技术上都有很大的优势,对于网络上的数据资源,通过相应技术手段的系统处理,形成符合用户需求的信息资源,用数据库、网盘等方式对数量庞大的信息资源进行存储,提高服务的针对性和有效性,方便用户选择、使用和保存。

高校图书馆在向用户提供其所需要的数据资源之前,首先应当检索这些对外开放的数据资源,这项技术能力在高校图书馆的各种服务类型之中最为人所熟知。不仅仅是因为高校图书馆的主要服务方式一直以来都是文献资源的检索,还由于在全国范围内将近三分之一的高校图书馆把文献信息资源检索作为一门课程来对本校的大学生开设,所以,高校图书馆为用户提供数据资源检索的服务也是其比较擅长的。但是,高校图书馆并不能因此固步自封,需要通过不断地总结研究,丰富检索信息的内容,为用户提供更加完善的服务,满足用户对开放的数据资源不同信息的需求。

目前高校建立开放数据资源存档的仓储库越来越多,学术期刊等机

构建议作者将自己论文中相关的数据信息提交到公共仓储的现象也开始增多。因为学科和数据量十分庞大复杂,数据信息的存储库也非常庞杂,所以用户选择起来就会愈加困难。高校图书馆为用户提供的数据资源存储服务包括网盘、资源库等多种方式,有效解决了用户在保存重要数据资源时遇到的困难。

(二)数据申请和获取

对于用户不能直接从高校图书馆网站查阅到的或者不方便直接获取的数据资源,图书馆可以提供相应的数据申请和获取服务。用户根据提示向相关的平台或工作人员提交服务申请,得到反馈后等待结果,由工作人员代为查阅数据资源,再通过一定的联系方式或服务平台将资源交付到用户手中。比如常见的收费数据库和外文数据库,用户一般不容易接触到,或者不了解查询途径和方式,技术上语言上有障碍,直接付费试用价格也很昂贵,高校图书馆可以提供有偿服务,由用户申请后由受过培训的专业人员进行处理,最后及时反馈给用户,从而帮助用户实现获取数据的要求。

高校图书馆根据自身在检索和获取数据资源方面的技术优势,通过对互联网上与本校专业学科内容相关的且已经存在的数据资源或者用户需要的其他特定数据资源,进行检索、整合和存储,形成一个集合本校科研服务与专业学科知识教学的开放性数据资源体系。以此为基础,将开放数据资源的发现服务向用户提供,增加其有效利用率和访问量。用户也可以通过访问高校图书馆网站的渠道,发现所需要的数据资源内容,进而下载获取,实现开放数据资源的有效利用。

假如用户在高校图书馆开放数据平台不能查询和获取所需的相关数据资源,或是资源量过大,用户不方便通过网站进行直接下载之时,可以向平台上的高校图书馆服务人员或相关申请窗口提交申请。高校图书馆开放数据平台上的管理人员或服务人员在接到用户提交的申请之后,会及时进行申请信息的处理和结果反馈。用户可以通过进入高校图书馆的用户中心或信息反馈空间,查询到高校图书馆给出的答复信息或所申请的相关数据资源信息,最终满足用户对数据资源的申请需求。

通常情况下,高校图书馆数据资源的开放都是免费的全文开放。一般不会存在资源获取困难的问题。而对于如何获取较为全面的开放性数据资源,用户大多没有掌握准确的方式,这就要求高校图书馆完善用户获取资源方面的服务。加上一些非主观因素的制约,部分用户在获取数据资源的时候存在一定的障碍,这主要是因为开放数据资源的提供者设置了相关的获取条件限制,这些条件限制包括用户注册、积分充值等方式。因此,高校图书馆能够在利用自身技术优势的基础上,给用户提供无障碍获取服务。

(三)数据管理

开放数据服务需要以科学、有效的数据管理为基础。大量数据资源经过具有成熟的技术手段和专业知识的工作人员进行处理后,再以全新的、有针对性的面貌向用户开放,会使数据资源的使用价值得到大幅度提升。数据资源的分类、资源库的建设、维护和更新,各类文献之间的关联,以及用户信息反馈等均属于开放数据管理服务的内容。高校图书馆根据多年的文献资料研究工作的优势,以各高校馆之间的密切联系为基础,互相借鉴取长补短,不仅能够发现传统文献与数据资源的关系,也能使各馆的信息资源得到充分利用,在为用户提供更优质服务的同时,最大限度地发挥数据资源和馆藏文献的价值。

高校图书馆拥有大量的数据资源信息,当这些资源向社会全面开放时,需要加以妥善的管理。可以利用相关的技术手段建立科学有效的管理模式,进而更好地发挥和利用数据资源的价值,为用户提供优质的数据资源管理服务。高校图书馆开放数据平台为用户提供的管理服务主要包括数据资源的分类、验证、整合、建设、链接、维护、更新和使用反馈等,高校图书馆可以在借鉴一些知名大学图书馆开放数据管理服务经验的基础上,对本地的资源特色进行融入和优化,最终能够为用户提供完整的开放数据资源管理服务。

(四)可视化服务

科学数据可视化是大数据领域所有价值的终极呈现。数据的可视化,是将海量繁杂的、各种形态和关系的数据资源通过软件和技术处理,用视觉方式呈现在用户面前,让数据的表现形式更为直观,更方便理解,从而更易于获取有用信息。Ensight Fushion Carts Dygraphs 等是目前非常流行的可视化软件,其中很多在电脑、iPad、iPhone 及 Android 平台都可兼容,并且适用于所有的网页和移动应用。

高校图书馆不仅可以使用它们直接提供数据的可视化服务,还可以指导用户使用相关软件,分析数据,制作图表、图标、动画甚至地图等各类数据模型,这样,服务对象就可以扩展到企业、工程等用户,不仅实现了数据价值的最大化,也是图书馆服务工作的一大进步。

各类文献资料的内容与科学数据之间往往会有密切的联系,高校图书馆根据这一联系可以向用户提供文献资料与科学数据关联的服务。相关研究表明,学术文献与科学数据之间进行相互关联是有作用的。目前这种关联形成的服务主要是文献单方面关联数据,也就是从论文或文章链接到数据。高校图书馆在这一方面可以通过与相关团体的合作,整合文献资料和科学数据,建立二者之间的链接桥梁,提高数据资源的可解释性与易发现性。

高校图书馆为用户提供数据资源传递的服务基于其丰富的资源含量,也只有通过传递和流通,数据资源才能实现其利用价值,彰显其潜在的再利用价值。这一服务主要针对那些特殊的数据用户而言,当用户由于网络受限或其他方面的原因不便于自己直接下载所需要的数据资源时,高校图书馆可以采用邮箱发送等方式将数据资源传递到用户的手中。

开放数据服务是高校图书馆工作可持续发展的一个表现。在大数据时代背景下,高校图书馆服务内容不能局限于馆藏纸本文献,服务对象也不能只是校内固定用户群体,而要变革服务理念,拓宽思维,以用户需求为目标,完善服务体制,使高校图书馆工作得到新发展。目前,高校图书馆开放数据服务工作还面临一定问题,如专业人员急需培训、数据资源安全性以及知识产权问题等,但有机会就有挑战,高校图书馆工作的发展不是一蹴而就的,在今后的工作中,只要从技术、管理、资源、服务等各方面不断完善,开放数据服务会体现其价值所在。

七、大数据对高校图书馆发展的影响

大数据既是一种丰富数据的概括，也是一种先进的技术，更是一种发现事物发展本质的思维方式。人们在大数据时代对待数据的思维方式将发生三大变化：人们处理的数据不是随机样本，而是全部数据；由于是全部数据，人们不得不接受数据的混杂性，而放弃对精确性的追求；人们解决问题的思维从追求因果关系转向关注相关关系。

（一）高校图书馆拥有的大数据

1.智能设备数据

例如，图书馆的门禁系统可以保存大量的读者进馆与出馆的信息，这样就可以梳理出相关信息，清晰地了解到哪一个时段是高峰期，从而可以提前做出相应的人员配备，为读者提供更优质的服务。

2.物联网数据

可以在图书馆的不同的环境中放置传感器，对相关的环境进行数据采集，通过一定时间的积累，可以产生巨大的数据量，这样可以帮助工作人员对图书馆的使用情况有基本的了解，方便他们进行资源配置。

3.互联网数据

互联网数据的产生速度可以说是超越任何一个传播媒介的。使用互联网的用户很多，因此，互联网数据的更新速度也会非常迅速。这些数据中包含着众多的读者信息，成为图书馆大数据的重要组成部分。

4.科研共享数据

高校图书馆在很大程度上要充当科研服务中心的角色，而科研服务中心应该成为科研数据的共享平台，但是，很多国内的高校图书馆却没有做到。高校图书馆拥有丰富的科研数据，但只是局限于本单位或者本课题组使用，基本上不会存在共享的情况，这在很大程度上造成了资源的浪费。科研数据的共享可以帮助丰富高校大数据来源，有利于高校图书馆的资源建设。

5.移动互联网数据

随着高校移动图书馆的深入发展，使用者可以随时随地登录高校图书馆，获取自己所需的信息。这样一来，高校图书馆可以利用移动互联网技术来获取读者的相关信息,进一步分析读者的阅读倾向,可以有效地预测读者的阅读需求。

(二)高校图书馆具有大数据特征

随着图书信息资源的丰富,读者对于图书馆的要求也越来越高。在大数据时代,图书馆的大数据特征也越加明显。

首先,图书馆的数据资源所涵盖的内容非常复杂。既有图书馆自身发展的相关数据信息,又有一些读者提供的服务信息。这些数据不管是在编码上还在格式上都没有办法形成统一,因此造成了大量的异构数据。

其次,图书馆的数据资源每天都在更新。全国数字图书馆的信息总量可以说是十分庞大,图书馆必须要根据读者的相关信息整理出合适的应变策略,对这些数据进行分析与筛选。

再次,图书馆也会不定期地推出一些新兴的服务方式。这样就会增加用户的数据信息,对这些数据需要设定一些限定条件,以方便整理。

最后,图书馆数据库的存储与统计已经进入了新的阶段。但是,对这些数据依然需要进行异构处理,不断优化服务方式,为读者带来更好的服务体验。

(三)大数据带给高校图书馆的价值

1.为资源采购提供决策支持

进行资源采购是需要资金支持的,但是图书馆的资金毕竟有限,要想让有限的资金发挥出最佳的效用,就需要合理地分析与预判。通过对读者使用资源的交互数据分析,可以有效地了解到读者对图书资源的使用情况,预测出读者的需求,这样有利于图书的采购。图书馆对于需求量大但没有购买的图书可以增加预定,对于使用频率不高的图书可以减少购买需求,或者取消购买。

2.为读者提供个性化服务

高校图书馆中包含大量的读者信息,有读者的检索信息、访问记录、借阅记录等,通过这些信息再加上学校提供的读者的个人信息,可以分析出读者的阅读需求与学科需求。对于大数据的分析有利于高校图书馆为读者提供个性化的服务,减少不必要的资源浪费。

3. 为科研人员提供学术环境

高校的科研人员在从事科研活动的过程中,会积累大量的科研数据,高校图书馆有责任将部分科研数据加以保存。同时,高校图书馆还应该积极收集有关科研方面的数据,为相同学科或者相同研究方向的科研人员构建虚拟的社区,打造学术交流圈。

(四)大数据时代高校图书馆的定位

1. 业务与服务重点向上游转移

传统图书馆与数字图书馆的业务与服务重点都在下游,也就是在资源的组织、利用和保存上。大数据时代高校图书馆的业务与服务重点开始向上游转移,将重点放在数据收集、分析、存储与处理上。利用大数据的相关技术实现对海量信息的收集、分析、处理,形成具有情报价值的服务信息提供给用户,以便用户可以及时、准确地获取有效信息,真正实现业务与服务的上游转移。

2. 成为公共数据存储、处理、分析与服务中心

图书馆作为现代社会公共文化服务的重要场所,在文献传递、社会教育、娱乐休闲等方面具有重要的意义。我国图书馆一直致力于优化图书馆信息服务,加强信息技术应用。

目前,我们正处在一个信息爆炸的时代,高校图书馆也正在面临密集型数据的相关分析,这样一来图书馆的信息服务也就集中在大数据的分析与处理的领域。高校图书馆的定位不再局限于成为社会文化服务机构,而是致力于成为公共数据存储、处理、分析与服务的中心,肩负起高校图书馆应该承担的责任,凸显图书馆的社会责任。

3. 形成一个完整的网络体系

目前,对大数据争论最多的问题集中在数据的分析、处理与服务中,想要发挥出这些技术的真正价值,就需要大量数据的支持。只要是相关的数据,都需要进行整理与处理。在大数据时代,高校图书馆需要借助这些数据的支持,甚至是与此相关的信息中心的数据支撑,与高校图书馆形成协调的有机网络体系,实现图书馆数据的共享,更好地为读者

服务。

(五)大数据引发高校图书馆思考

1.高校图书馆的海量数据

高校图书馆自身存有大量的实体书,伴随着现代信息技术的不断发展,大量的数字资源与电子资源也存储于高校图书馆。现代新媒体的应用与推广,使读者可以随时随地获取自己需要的信息,高校图书馆的用户也开始大幅度增长,形成了高校图书馆海量的数据。面对数量如此庞大的数据,高校图书馆应该充分挖掘各种半结构化数据,深度挖掘这些数据的隐性价值,不断改善高校图书馆的服务水平。

虚拟图书馆是当前图书馆发展的一个重要方向。一般认为,虚拟图书馆不同于传统图书馆之处在于其完全依赖互联网络而存在,采用远程传送信息与知识的模式向用户提供服务。它不以大量传统印刷型馆藏为基础,而以全球范围内浩瀚的因特网信息资源为处理对象,通过网络和超文本技术,筛选出高质量、高浓度的信息精品,并对其进行分类评价,按学科或主题重新组织,建立链接,并提供给用户。但随着服务内容的扩展和用户需求的不断变化,虚拟图书馆也不仅仅提供网上内容的检索、浏览、下载、复制或链接,还将与现实图书馆的内部馆藏以及网上各类信息资源(如专题数据库和馆藏目录等)也建立密切的联系,提供现实馆文献信息的电子版本的阅读、检索甚至下载服务。

尽管数字化图书馆和虚拟图书馆建设为图书馆的网上服务勾画出诱人的前景,但网上服务毕竟只是网下服务的延伸和补充,不能完全取代传统的馆舍服务。纸本文献的“内阅外借”以及面对面的服务方式仍然是图书馆服务的基本方式。面对面服务带给服务对象的亲和力和感染力是千篇一律的网络所无法取代的。同时,可以上网的服务项目通常是一些可以被用户自助完成的基本服务内容,如馆藏介绍与查询、数据库联机检索、网络资源导航等。一些较高层次的服务,如信息加工、定题检索服务等,仍然需要图书馆员在网下完成。网下服务不仅不应该被忽略,而且还要不断地加强。例如,很多图书馆采取延长服务时间、扩展服务范围等措施,将网下服务工作做得更完善、更合理。网下服务作为图书馆服务的基本方式只能加强，不能削弱；网上服务则是为图书馆服务开辟了一个新的途径，使常规服务与特色服务相结合。

传统图书馆往往注重“量大类全”的馆藏文献资源建设，而忽略了如何利用这些资源来为读者提供针对性强的、有效的服务。各图书馆所提供的服务内容也往往大同小异。在网络环境下，文献信息总量激增，网上的虚拟资源更是日新月异、种类繁多。一个图书馆要想将所有的资源都提供给用户，既不现实也不可能，加之各种形式的信息源和信息服务机构层出不穷，已与图书馆形成了竞争的态势，图书馆靠传统的常规服务已无法适应新形势下竞争的需要，必须在做好文献收藏和提供服务的同时，办出自己的特色，靠“特色服务”吸引读者和用户，从而在竞争日益激烈的市场上立足。所谓“特色服务”，可分为两种类型。一是以特定的馆藏资源开展的服务。这是每个图书馆在建设和服务上都应该重视并可以做到的。二是以特定的读者群或用户群作为服务对象，开展有针对性的服务。

在第一类特色服务中，比较常用的方法是从用户需求出发，根据本馆实际，开发具有专业优势的产品，如开发网上的特色信息源、为用户提供专业信息导航等。第二类特色服务是网络环境下高校图书馆的建设与服务需要针对特定的用户群体采取针对性的方式开展服务。

当特色服务或特色馆藏发展到一定规模，便成为特色图书馆。特色服务在国外发展得较为成熟，而在国内尚有待加强。其重要原因之一是国内图书馆在建设指导思想上历来存在“求大求全”的错误观念，且服务工作按部就班，缺乏主动性和创新。在网络环境下，作为图书馆个体只有突出自身的馆藏特色和服务特色，才可能在林立的文献信息服务体系中吸引读者、吸引用户。网络竞争的趋势已经迫使图书馆在完善传统服务的同时，加强特色服务，只有二者结合才有可能保持长久的生命力和竞争力。

2.高校图书馆的读者流失

以实体书为主的高校图书馆，在面对网上各种图书资源的冲击时，不免会产生压力。大数据为高校图书馆的发展提供了新的思路，高校图书馆可以借助大数据技术对读者的需求信息加以分析,不仅可以了解读者的需求,还可以预测读者的服务需求,甚至可以深度挖掘读者的潜在需求。通过对这些信息的收集,可以优化当前的服务方案,更好地吸引读者,以进一步解决当今网络图书盛行的情况下高校图书馆的危机。

3.高校图书馆的大数据应用

一般来说,高校图书馆的服务人群主要集中在学生与教师中。高校教师的科研成果可以从侧面反映出高校的教学质量与科研水平。高校图书馆有必要为教师与学生提供必要的信息支持。高校可以利用大数据技术,分析学校师生的阅读需求,进一步挖掘信息的潜在价值,优化信息的质量,这也是高校图书馆未来需要努力的方向。

只要是使用高校图书馆,一定会留下使用痕迹,这些数据的质量参差不齐,可以利用大数据技术对这些数据进行筛选,将有价值的信息保存下来。大数据并不是一项具体的技术,而是数据的收集、分析、处理、存取、挖掘技术的综合,这些技术的应用相对成熟,高校可以进行深一步的应用与改善,这样才可以更好地面对新时期对图书馆的要求。

4.高校图书馆的隐私保护

大数据技术并不是有利无害的,也存在一定的弊端。因为有些数据会涉及读者的隐私,在处理这些数据的过程中,稍有偏差,就会造成用户信息的泄露,会对用户造成极大的危害。这就需要高校图书馆对于信息的处理方式加以改进,注重保护用户的隐私,对相关工作人员的职业操守加以规范,以保证合法、合理地使用读者的数据。

参考文献

/ REFERENCES /

[1]陈进.大学图书馆服务体系建设[M].上海:上海交通大学出版社,2012.

[2]陈陶平,赵宇,蔡英.现代高校图书馆管理与服务探究[M].北京:九州出版社,2018.

[3]程显静.图书馆建设与发展研究[M].北京:华龄出版社,2018.

[4]代宏.现代图书馆与数字资源利用[M].哈尔滨:黑龙江科学技术出版社,2015.

[5]金胜勇,魏佳,张吻秋.图书馆文献信息资源选择理论的发展[J].图书馆,2016(10):21-24,33.

[6]孔瑞林.高校图书馆阅读推广研究[M].济南:山东教育出版社,2019.

[7]李丹丹.青少年读书会 文化趣味活动 收藏趣味活动[M].长春:吉林摄影出版社,2017.

[8]林丽真.图书馆外借服务的人性化与特色化[J].神州,2020(07):290-290.

[9]陆丹晨.高校图书馆管理的创新性研究[M].石家庄:河北人民出版社,2018.

[10]马杰.网络大数据信息处理平台的设计与实现[J].现代电子技术,2018,41(24):75-78.

[11]满世忠.论高校图书馆阅读指导工作[J].新西部(理论版),2013(08):106-107.

[12]王聪.我国高校图书馆阅读推广现状研究[J].江苏科技信息,2017(16):3-4,15.

[13]谢薛芬.浅谈高校图书馆工作[M].杭州:浙江工商大学出版社,2018.

[14]杨琳.高校图书馆管理与阅读服务模式创新[M].长春:吉林人民出版社,2019.

[15]杨启秀.高校图书馆管理与服务创新研究[M].北京:国家行政学院出版社,2018.

[16]于红,李茂银.高校图书馆管理与服务创新研究[M].长春:吉林人民出版社,2019.

[17]翟宁.高校图书馆服务与阅读推广研究[M].北京:北京工业大学出版社,2019.

[18]张理华.大数据时代高校图书馆信息服务创新研究[M].北京:北京理工大学出版社,2019.

[19]郑幸子.高校图书馆管理与服务创新[M].长春:吉林大学出版社,2018.

[20]郑志军,杨红梅.高校图书馆管理创新研究[M].成都:电子科技大学出版社,2014.

[21]周甜甜.高校图书馆管理与读者服务研究[M].延吉:延边大学出版社,2019.